U0101773

乾偉 典藏

二〇〇一年四月六日

楞嚴經

中國佛教經典寶藏精選白話版

78

李富華釋譯

星雲大師總監修

佛光山宗務委員會印行

總序

自讀首楞嚴，從此不嚐人間糟糠味；
認識華嚴經，方知己是佛法富貴人。

誠然，佛教三藏十二部經有如暗夜之燈炬，苦海之寶筏，爲人生帶來光明與幸福，古德這首詩偈可說一語道盡行者閱藏慕道，頂戴感恩的心情！可惜佛教經典因爲卷帙浩瀚，古文艱澀，常使忙碌的現代人有義理遠隔，望而生畏之憾，因此多少年來，我一直想編纂一套白話佛典，以使法雨均霑，普利十方。

一九九一年，這個心願總算有了眉目，是年，佛光山在中國大陸廣州市召開「白話佛經編纂會議」，將該套叢書訂名爲《中國佛教經典寶藏》。後來幾經集思廣義，大家決定其所呈現的風格應該具備下列四項要點：

一、啓發思想：全套《中國佛教經典寶藏》共計百餘册，依大乘、小乘、禪、淨、密等性質編號排序，所選經典均具三點特色：

1歷史意義的深遠性

2中國文化的影響性

3人間佛教的理念性

二、通順易懂：每册書均設有譯文、原典、注釋等單元，其中文句鋪排力求流暢通順，遣辭用字力求深入淺出，期使讀者能一目瞭然，契入妙諦。

三、精簡義賅：以專章解析每部經的全貌，並且搜羅重要章句，介紹該經的精神所在，俾使讀者對每部經義都能透徹瞭解，並且免於以偏概全之誤謬。

四、雅俗共賞：《中國佛教經典寶藏》雖是白話佛典，但應兼具通俗文藝與學術價值，以達到雅俗共賞、三根普被的效果，所以每册書均以題解、源流、解說等章節，闡述經文的時代背景、影響價值及在佛教歷史和思想演變上的地位角色。

茲值佛光山開山三十週年，諸方賢聖齊來慶祝，歷經五載、集二百餘人心血結晶的百餘册《中國佛教經典寶藏》也於此時隆重推出，可謂意義非凡，論其成就，則有四點可與大家共同分享：

一、佛教史上的開創之舉：民國以來的白話佛經翻譯雖然很多，但都是法師或居士個人的開示講稿或零星的研究心得，由於缺乏整體性的計劃，讀者也不易窺探佛法之堂奧。有鑑於此，《中國佛教經典寶藏》叢書突破窠臼，將古來經律論中之重要著作，作有系統的整理，為佛典翻譯史寫下新頁！

二、傑出學者的集體創作：《中國佛教經典寶藏》叢書結合中國大陸北京、南京兩大名校的百位教授學者通力撰稿，其中博士學位者佔百分之八十，其他均擁有碩士學位，在當今出版界各種讀物中難得一見。

三、兩岸佛學的交流互動：《中國佛教經典寶藏》撰述大部份由大陸飽學能文之教授負責，並搜錄臺灣教界大德和居士們的論著，藉此銜接兩岸佛學，使有互動的因緣。編審部份則由臺灣和大陸學有專精之學者從事，不僅對中國大陸研究佛學風氣具有帶動啓發之作用，對於臺海兩岸佛學交流更是助益良多。

四、白話佛典的精華集粹：《中國佛教經典寶藏》將佛典裏具有思想性、啓發性、教育性、人間性的章節作重點式的集粹整理，有別於坊間一般「照本翻譯」的白話佛典，使讀者能充份享受「深入經藏，智慧如海」的法喜。

今《中國佛教經典寶藏》付梓在即，吾欣然為之作序，並藉此感謝慈惠、依空等人百忙之中，指導編修；吉廣輿等人奔走兩岸，穿針引線；以及王志遠、賴永海等大陸教授的辛勤撰述；劉國香、陳慧劍等臺灣學者的周詳審核；滿濟、永應等「寶藏小組」人員的匯編印行。由於他們的同心協力，使得這項偉大的事業得以不負眾望，功竟圓成！

《中國佛教經典寶藏》雖說是大家精心擘劃、全力以赴的鉅作，但經義深邈，實難備盡；法海浩瀚，亦恐有遺珠之憾；加以時代之動亂，文化之激盪，學者教授於契合佛心，或有差距之處。凡此失漏必然甚多，星雲謹以愚誠，祈求諸方大德不吝指正，是所至禱。

一九九六年五月十六日於佛光山

編序

敲門處處有人應

《中國佛教經典寶藏》是佛光山繼《佛光大藏經》之後，推展人間佛教的百冊叢書，以將傳統《大藏經》菁華化、白話化、現代化爲宗旨，力求佛經寶藏再現今世，以通俗親切的面貌，溫渥現代人的心靈。

佛光山開山三十年以來，家師星雲上人致力推展人間佛教不遺餘力，各種文化、教育事業蓬勃創辦，全世界弘法度化之道場應機興建，蔚爲中國現代佛教之新氣象。這一套白話菁華大藏經，亦是大師弘教傳法的深心悲願之一。從開始構想、擘劃到廣州會議落實，無不出自大師高瞻遠矚之眼光，從逐年組稿到編輯出版，幸賴大師無限關注支持，乃有這一套現代白話之大藏經問世。

這是一套多層次、多角度、全方位反映傳統佛教文化的叢書，取其菁華，捨其艱澀，希望既能將《大藏經》深睿的奧義妙法再現今世，也能爲現代人提供學佛求法的方便舟筏。我們祈望《中國佛教經典寶藏》具有四種功用：

一、是傳統佛典的菁華書——中國佛教典籍汗牛充棟，一套《大藏經》就有九千餘卷，窮年皓首都研讀不完，無從賑濟現化人的枯槁心靈。《寶藏》希望是一滴濃縮的法水，既不失《大藏經》的法味，又能有稍浸即潤的方便，所以選擇了取精用弘的摘引方式，以捨棄龐雜的枝節。由於執筆學者各有不同的取捨角度，其間難免有所缺失，謹請十方仁者鑒諒。

二、是深入淺出的工具書——現代人離古愈遠，愈缺乏解讀古籍的能力，往往視《大藏經》爲艱澀難懂之天書，明知其中有汪洋浩瀚之生命智慧，亦只能望洋興歎，欲渡無舟。《寶藏》希望是一艘現代化的舟筏，以通俗淺顯的白話文字，提供讀者遨遊佛法義海的工具。應邀執筆的學者雖然多具佛學素養，但大陸對白話寫作之領會角度不同，表達方式與臺灣有相當差距，造成編寫過程中對深厚佛學素養與流暢白話語言不易兼顧的困擾，兩全爲難。

三、是學佛入門的指引書——佛教經典有八萬四千法門，門門可以深入，門門是無限寬廣的證悟途徑，可惜缺乏大衆化的入門導覽，不易尋覓捷徑。《寶藏》希望是一支指引方向的路標，協助十方大衆深入經藏，從先賢的智慧中汲取養分，成就無上的人生福澤。然而大陸佛教經「文化大革命」中斷了數十年，迄今未完全擺脫馬列主義之教條框框，《寶藏》在兩岸解禁前即已開展，時勢與環境尚有諸多禁忌，五年來雖然排除萬難，學者對部份教理之闡發仍有不同之認知角度，不易滌除積習，若有未盡中肯之辭，則是編者無奈之咎，至誠祈望碩學大德不吝垂教。

四、是解深入密的參考書——佛陀遺教不僅是亞洲人民的精神歸依，也是世界衆生的心靈寶藏，可惜經文古奥，缺乏現代化傳播，一旦龐大經藏淪爲學術研究之訓詁工具，佛教如何能紮根於民間？如何普濟僧俗兩衆？我們希望《寶藏》是百粒芥子，稍稍顯現一些須彌山的法相，使讀者由淺入深，略窺三昧法要。各書對經藏之解讀詮釋角度或有不足，我們開拓白話經藏的心意卻是虔誠的，若能引領讀者進一步深研三藏教理，則是我們的衷心微願。

在《寶藏》漫長五年的工作過程中，大師發了兩個大願力——一是將文革浩刼斷滅將盡的中國佛教命脈喚醒復甦，一是全力扶持大陸殘存的老、中、青三代佛教學者之生活生機。大師護持中國佛教法脈與種子的深心悲願，印證在《寶藏》五年艱苦歲月和近百位學者身上，是《寶藏》的一個殊勝意義。

謹呈獻這百冊《中國佛教經典寶藏》爲　師父上人七十祝壽，亦爲佛光山開山三十週年之紀念。至誠感謝三寶加被，龍天護持，成就了這一樁微妙功德，惟願《寶藏》的功德法水長流五大洲，讓先賢的生命智慧處處敲門有人應，普濟世界人民衆生！

目錄

題解

楞嚴經的傳譯

《大佛頂如來密因修證了義諸菩薩萬行首楞嚴經》略稱曰《楞嚴經》，又稱《首楞嚴經》、《大佛頂首楞嚴經》等。

此經是在我國唐代中葉譯出並開始流行的。我國唐代著名的佛經目錄學家智昇，在其所著《開元釋教錄》和《續古今譯經圖記》中都記載了此經。在智昇的記載中稱：此經是唐中宗神龍元年（公元七〇五年）五月，由中印度沙門般剌蜜帝在廣州制旨道場誦出，烏萇國沙門彌伽釋迦譯語，唐代名臣房融筆授，沙門懷迪證譯。稍晚，唐德宗貞元年間（貞元十六年，即公元八〇〇年），釋元照所撰《貞元新定釋教目錄》也收錄了此經，其說明文字與《開元釋教錄》基本一致。此後，自北宋初年雕刊我國第一部漢文佛教大藏經《開寶藏》起，一直到清朝雍正乾隆年間雕印《龍藏》，《楞嚴經》均作爲「正藏」的內容，被歷代所刊行的一切版本的大藏經所收錄，無一例外。《楞嚴經》自唐代中葉至清朝前期的一千餘年間，經過不知多少佛經目錄學家和學者的考察、鑒別之後，被作爲佛教的重要典籍收錄在佛門最具權威的佛典全集《大藏經》

中，這對於它的可靠性，或者說眞實性來說，應該是不成問題的。

《楞嚴經》譯出之後即對我國佛教的發展產生廣泛的影響。對此，我國近代名僧太虛，在其所著《大佛頂首楞嚴經攝論》一書中曾說：「本經於震旦人根，有深因緣，未至而天台殷勤拜求，已度，則歷代廣共弘揚。」我國當代著名的佛教學者呂澂也稱：「賢家據以解緣起，台家引以說止觀，禪者援以證頓超，密宗又取以通顯一。宋明以來，釋子談空，儒者闢佛，蓋無不涉及《楞嚴》也。」（《楞嚴百僞》）❶正因爲如此，自唐末五代至於明清，注疏《楞嚴經》的著作不可勝記，僅明末清初的著名學者錢謙益所著《楞嚴蒙抄》一書所錄就有四十多種❷，如果加上清代迄今則注家著述將在六十種以上，這在諸多大乘經中是極爲少見的。値得特別指出的是，在明代後期，作爲佛門四大家的憨山德清、紫柏眞可、蓮池袾宏、蕅益智旭，競相注疏《楞嚴經》，極力推崇《楞嚴經》❸。其影響之大，使《楞嚴》一經成爲而後佛家修行的主要依據。《楞嚴經》與《金剛經》、《心經》等家喻戶曉的大乘著名經典一樣，是佛門弟子必讀的重要功課。同是，《楞嚴經》又以「聖言辭義雙妙，首尾照應，脈絡貫通」❹而受到文人墨客的青睞，被視爲佛教文獻中的文學瑰寶❺。

楞嚴經的眞僞之爭

《楞嚴經》作爲一部「教內人奉爲至寶」❻的佛教經典，在他問世之後即引起一場是眞經還是僞經的爭論。這場爭論可以說持續了近千年，至今仍然沒有得出一致肯定的結論。

關於《楞嚴經》是僞經的議論，在唐代就已有之。唐時，一位日本僧人玄叡在其所著的《大乘三論大義鈔》中曾說：「此經在唐代就流傳日本，並引起『衆師競爭』。後遣德清法師等到中國考察，從唐居士法詳口中得知：『大佛頂經是房融僞造，非眞佛經也。智昇未詳，謬編正錄』。」（此書見《大日本佛教全書》第七十五冊）另一位日本僧人戒明，是在唐代宗大歷年間入唐的，他也曾聞知關於《楞嚴經》是僞經的各種議論❼。時至宋元時代，注疏《楞嚴經》則已蔚然成風，其中以宋釋子璿的《首楞嚴義疏注經》、釋咸輝的《首楞經義海》及元釋惟則的《大佛頂首楞嚴經會解》最爲著稱於世。此外，一些宋代宰臣如王安石、張無盡等也深契佛學「疏解首楞」❽。然而，關於《楞嚴經》的眞僞之爭並沒有平息，甚至因有異議而出現「刪修楞嚴」

之事，使「全經面目，抹殺殆盡」❾。在明朝，在宋元之風的影響下，《楞嚴經》在中國佛教中的影響進一步擴大，《楞嚴經》所遭遇的命運也好一些，信之者多，而疑僞者少。特別是明朝萬曆以後，在四大名僧的提倡下，《楞嚴經》在佛門中的地位突然增高。只是到了清朝末年，以至民國以來，論說《楞嚴經》爲僞經的議論才又再度多了起來，其論說最激烈者莫過於近代著名政治家兼學者的梁啓超和呂澂二師。梁啓超在《古書眞僞及其年代》一書中說：「《楞嚴經》可笑思想更多，充滿了長生神仙的荒誕話頭，顯然是受道教的暗示，剽竊佛教的皮毛而成。……眞正的佛經，並沒有《楞嚴經》一類的話，可知《楞嚴經》一書是假書。」❿而呂澂先生則認爲《楞嚴經》是「集僞說之大成，蓋以文辭纖巧，辭義模棱，與此土民性喜鶩虛浮者適合」（《楞嚴百僞》），並提出了《楞嚴經》爲僞經的一百零一條證據。

認爲《楞嚴經》爲僞經者的主要論點可歸納爲如下幾點：

1 關於譯經者的許多疑點：

(1)《開元釋教錄》和《續古今譯經圖記》同出智昇之手，但《開元釋教錄》記載此經的譯者是「沙門釋懷迪」，「因遊廣府遇一梵僧（未得其名），賫梵經一夾，請共譯之，勒成十卷，即《大佛頂萬行首楞嚴經》」；而《續古今譯經圖記》則標明此經是中印度沙門般剌蜜帝主譯，彌伽釋迦譯語，房融筆授，懷迪證譯。同出一人之手，但說法很不一致。

(2)關於房融筆授《楞嚴經》，這不僅爲智昇所記，自五代以來的諸多佛教史書及地方史志又一再肯定此事。又如《南漢春秋》卷九載五代人林衢題廣州光孝寺詩中，有「無客不觀丞相硯，有人曾悟祖師幡」的詩句。此處所云丞相硯，即房融筆授《楞嚴經》時所用的大硯；在《東坡後集》中載蘇軾〈書柳子厚大鑒禪師碑後〉一文，文中亦有「大乘諸經至《楞嚴》則委曲精盡，勝妙獨出，以房融筆授故也」等等[11]。持《楞嚴經》爲僞經觀點者則認爲：房融是在神龍元年二月被流放高州（今廣東省高縣）。京師長安距廣東數千里，房融於是年五月到達廣州並筆授《楞嚴經》是不可能的。

(3)關於懷迪參加譯經的記載，在時間上亦有矛盾。《開元釋教錄》的記載是：「往者三藏菩提流志譯《寶積經》，遠召迪來，以充證義。所爲事畢，還歸故鄉。後因遊廣府遇一梵僧……。」這一記載表明，懷迪先參加《大寶積經》的翻譯，之後才來到廣州與梵僧共譯《楞嚴經》。而同是《開元釋教錄》載：《大寶積經》「始乎神龍二年丙午創筵，迄於睿宗先天二年癸丑」。先天二年（公元七一三年）晚神龍元年（公元七〇五年）八年，如何言其在先呢？

(4)關於印度沙門般剌蜜帝亦認爲是僞託的人物，原因是此人來去匆匆，事跡不詳。

2此經經名下有一小注⓬云：「一名中印度那爛陀大道場經，於灌頂部錄出別行。」持僞經論者認爲，此注係抄襲〈陀羅尼集經序〉中「從金剛大道場出」一語；其次，《楞嚴經》全經內容根本與「灌頂部」經無關。

3《楞嚴經》提出了一些與常見佛經中所講論的佛教基本理論不相符合的概念，如十二類生，三疊流，七大、七趣等。

4經文內容中有許多是抄襲來的。提到被抄襲的經名有《首楞嚴三昧經》、《摩登女經》、《楞伽經》、《大乘起信論》、《菩薩瓔珞本業經》、《瑜伽師地論》等。

5經文中有許多與理不通和杜撰的內容。提出證據最多者就是呂澂先生的《楞嚴百僞》等。

自唐至今所云《楞嚴經》爲僞經的主要論點，大體不出上述的五個方面，這五個方面又大致可分爲兩類，一類是關於譯者的諸多疑點；一類是關於經文內容的種種疑問。

然而，對於這兩類問題，持眞經論者則更有一番不同的看法。他們認爲這些疑問也僅僅是一些疑問；或者是擇取了經文中片言隻語的一種片面的分析，「未見公允」⓭。就連基本持僞經說的佛教學者也認爲「楞嚴經僞造，誰也拿不出眞憑實據」⓮。比如譯者中的房融筆授一事，雖然提出了一些疑點，但五代以來卻一再爲「方內外人士所艷稱⓯」；至於經文內容，持眞經論者更是居於絕對多數，其中不乏高僧大德。如明釋眞鑑在其所著《大佛頂首楞嚴經正脈疏》的自序中認爲：「是則斯經也，一乘終實，圓頓指歸。語解悟，則密因本具，非假外求；語修證，則了義妙門，不勞肯綮。十方如來得成菩提之要道，無有越於斯門者矣。」又如明末四大師，他們個個深信《楞嚴經》是眞經，其中蓮池袾宏甚至說：「縱使佛親於前而說《楞嚴》是僞經者，吾等亦應視爲魔說可也。」（《楞嚴摸象記》）由此知道他們認定《楞嚴經》是眞經的態度是非常堅決的。近代以來，我國佛教界甚有影響的高僧如諦閑、圓瑛、太虛、倓虛等，也都堅持《楞嚴經》是眞經，並著疏講說。

《楞嚴經》是眞經還是僞經的爭論雖然持續了一千餘年，時至今日儘管還有一些不同的看法，但《楞嚴經》作爲大乘佛教的重要典籍在中國佛教的歷史上已經產生巨大影響，這已是確定的事實。這正如「大乘非佛說」的討論一樣，這些爭論已無法改變《楞嚴經》在佛教理論和實踐兩個方面已經確立的地位。因此，本文就不再作進一步分析。

選譯楞嚴經的幾點說明

筆者選譯的這本《楞嚴經》，是《中國佛教經典寶藏精選白話版》中的一種，由於字數所限，不可能全譯。爲了使讀者了解《楞嚴經》的全貌，本書選擇了全經十卷中的前兩卷和後兩卷，進行全譯；中間諸卷，即卷三、卷四、卷五、卷六、卷七、卷八，則節選了各自的一部分主要內容。因此，本書雖然並不是一個全譯本，但大體反映了《楞嚴經》全經的內容。

本書經文原文選自金陵刻經處清同治八年（公元一八六九年）刊本，並進行了標點。

本書的白話譯文，遵從的原則有兩條，一是忠實於原文，盡可能體現經文原旨；一是盡力作到口語化，讓一般讀者能看懂、理解。但作到這兩點是相當困難的，因爲佛教作爲一種特殊的宗教理論體系，有它許多特定的概念和表述方法，如果完全用現代漢語翻譯出來，就會失去佛教理論的特色，如佛教的一些重要概念，「色」、「法」、「五陰」、「涅槃」等等，是不能翻譯的。

本書在編譯過程中，參閱了前人注疏《楞嚴經》的許多著作，其中主要有宋釋子璿所著《首楞嚴義疏注經》，明釋眞鑑所撰《大佛頂首楞嚴經正脈疏》，清錢謙益撰《大佛頂首楞嚴經疏解蒙鈔》，近代僧太虛撰《大佛頂首楞嚴經攝論》及其他有關著作。但白話譯文中如有過失或不妥當之處，都屬筆者個人的理解，由筆者負責。

白話譯經是一件很難的事，本書一定有不少背離經文原旨的錯譯，敬請讀者指正。

注釋：

❶《楞嚴百僞》，見《呂澂佛學論著選集》第一冊第三七〇——三九五頁，山東齊魯書社，一九九一年版。

❷參見《楞嚴蒙鈔》卷首《古今疏解品目》，清光緒十五年（公元一八八九年）蘇城瑪瑙經房藏版。

❸德清著《首楞嚴經懸鏡》一卷，《首楞嚴經通議》十卷；袾宏著《楞嚴摸象記》一卷；智旭著《大佛頂首楞嚴經文句》十卷，《大佛頂首楞嚴經玄義》二卷；真可著《楞嚴解》一卷。

❹明釋交光真鑑語，語見《大佛頂首楞嚴經正脈疏》卷七。

❺趙樸初在〈佛教與中國文化的關係〉一文中指出：「《維摩詰經》、《法華經》、《楞嚴經》，特別為歷代文人所喜愛，被人們作為純粹的文學作品來研讀。」文見北京中華書局一九八八年版《佛教與中國文化》。

❻保賢〈問題楞嚴〉，文見《現代佛教學術叢刊》第三十五冊三五七頁，台灣大乘文化出版社，一九八一年版。

❼參考（日）小野玄妙著《佛教經典總論》一三五頁，台灣新文豐出版公司版。

❽王安石著《首楞嚴疏義》，張無盡著《楞嚴海眼》。參考《楞嚴蒙鈔》卷首《古今疏解品目》。

❾《楞嚴蒙鈔》卷首《古今疏解品目》。

❿此書見《飲冰室專集》第二十四冊。

⓫請參考羅香林〈唐相國房融在光孝寺筆授首楞嚴經翻譯問題〉一文。文見《現代佛教學術叢刊》第三十五冊三二一——三四二頁。

⓬本書經典原文選自清同治八年金陵刻經處本，此本無此小注。

⓭同注⓫。《現代佛教學術叢刊》第三十五冊三三八頁。

⓮保賢〈問題楞嚴〉，文見《現代佛教學術叢刊》第三十五冊三六二頁。

⓯同注⓫。

經
典

1 卷一

譯文

如是我聞，從前，當佛住在室羅筏城祇桓精舍之時，隨侍他的有大比丘一千二百五十人。他們都是斷盡了一切煩惱的大阿羅漢，是度化三界衆生，超脫生死諸苦的佛子住持。這些大比丘於所住之國，其行住坐臥皆爲衆生的模範而威儀無比。他們跟隨佛陀，聽佛演說無上妙法，得佛妙智，是佛滅之後最有資格承佛遺囑，弘揚佛法的佛弟子。他們德操高潔，嚴守戒律，爲三界衆生樹立了榜樣。這些大比丘都能隨著衆生的不同情況，現化不可計量的身形變化，以普度一切衆生。他們的功德將惠及未來，利益無窮。大智舍利弗、摩訶目犍連、摩訶拘絺羅、富樓那彌多羅尼子、須菩提、優婆尼沙陀等，就是他們之中衆所推崇，位列前矛的代表人物。此外，難以計數的小乘兩衆及阿羅漢，帶著他們心向佛法的誠意來到佛住的地方。

當此之時，正值三個月結夏安居之日結束之時，衆比丘們來到佛所接受大衆的問難；而來自十方的菩薩也將要向佛諮決疑問，並以十分恭敬的心情，請求佛陀宣說秘密深法。如來在法座上靜然安處，應與會的衆比丘們的請求，開示了深奧的佛法，使他們聆聽了聞所未聞的道理。佛的音聲和雅動聽，好像妙音鳥鳴叫的仙音傳遍十方，引來無數菩薩聚會於佛的道場。在這衆多的菩薩之中，居於首位的是文殊師利。

原典

大佛頂❶如來密因❷修證了義❸諸菩薩萬行❹首楞嚴❺經卷第一

唐天竺沙門般剌密帝❻譯

烏萇國❼沙門彌伽釋迦❽譯語

菩薩戒❾弟子、前正議大夫同中書門下平章事清河房融❿筆受⓫

如是我聞⓬，一時，佛在室羅筏城⓭祇桓精舍⓮，與大比丘衆千二百五十人俱，皆是無漏⓯大阿羅漢，佛子住持。善超諸有，能於國土，成就威儀。從佛轉輪，妙堪遺囑。嚴淨毗尼⓰，弘範三界⓱。應身無量，度脫衆生。拔濟未來，越諸塵累。其名曰大智舍利弗⑱、摩訶目犍連⑲、摩訶拘絺羅⑳、富樓那彌多羅尼子㉑、須菩提㉒、優波尼沙陀㉓等，而爲上首。復有無量辟支無學㉔，並其初心，同來佛所。屬諸比丘，休夏自恣㉕，十方菩薩，咨決心疑，欽奉慈嚴，將求密義。即時，如來敷座宴安，爲諸會中，宣示深奧。法筵清衆，得未曾有。迦陵㉖仙音，遍十方界。恆沙菩薩㉗，來聚道場，文殊師利㉘而爲上首。

注釋

❶**大佛頂**：至尊無上之意，以此顯示該經爲佛法中之要義。

❷**如來密因**：如來是佛的十種稱號之一。如來密因，指如來所說的難測難知的深奥秘密之法。

❸**修證了義**：即尋根究本，直修本性之意。

❹**菩薩萬行**：菩薩自利利他之行廣大無量，故稱萬行。

❺**首楞嚴**：梵文音譯，意譯曰健相、健行、一切事竟。佛所得三昧名。此經以首楞嚴爲名，表明其所述佛法窮盡法界，無一遺漏。

❻**般剌密帝**：人名，古天竺僧人，唐中宗初年來華。據說，他在廣州制止寺譯出《楞嚴經》後，又攜梵本回歸天竺。

❼**烏萇國**：據《翻譯名義集》，烏萇國又稱烏杖國，北天竺國的別名。

❽**彌伽釋迦**：烏萇國僧人，事跡不詳。據說他精通印度和中國的文字。

❾**菩薩戒**：大乘菩薩僧的戒律，總名爲三聚淨戒。依《梵網經》，有十重禁戒和四十八輕戒；依《善戒經》，其戒與小乘比丘的二百五十戒同。

❿**房融**：唐武則天時曾任宰相，唐中宗神龍元年（公元七〇五年）貶謫廣州。

⓫**筆受**：譯經場中的一種分工，專司將梵文用漢文筆錄下來。

⓬**如是我聞**：佛經一般都以此句開始，可譯爲「我是這樣聽佛說的」，但一般白話譯文中不再作翻譯。

⓭**室羅筏城**：即舍衛城，在今印度西北部拉普河的南岸。

⓮**祇桓精舍**：又稱勝林給孤獨園，原是波斯匿王之子祇陀的私人園林，後被長者給孤獨購買，贈給釋迦牟尼作爲說法的道場。佛釋迦因在此地傳法，遂成佛教聖地。

⓯**無漏**：梵文意譯。漏，煩惱的異名。佛教認爲，衆生通過眼、耳、鼻、舌、身、意種

種活動而產生「不淨」業因，從而在輪迴中生死流轉，不得解脫，此名爲「漏」。無漏即已斷除了一切煩惱。

⑯**毗尼**：梵文音譯，又譯之曰毗奈耶，意譯曰調伏、善治、律等，戒律的總名。

⑰**三界**：佛教把人生死往來的世界分爲高下不同的三層，稱三界，即欲界、色界、無色界。欲界，指有飲食淫念之欲的有情住所；色界，指離飲食淫念之欲的有情住所，在欲界之上；無色界，指只有心識禪定狀況的衆生住所，又在色界之上。

⑱**舍利弗**：佛的十大弟子之一，以「智慧第一」著稱。

⑲**摩訶目犍連**：又稱大目犍連，佛的十大弟子之一，以「神通第一」著稱。

⑳**摩訶拘絺羅**：羅漢名，舍利弗之舅，又稱長爪梵志，有辯才。

㉑**富樓那彌多羅尼子**：即富樓那，佛的十大弟子之一，以「說法第一」著稱。

㉒**須菩提**：佛的十大弟子之一，以「解空第一」著稱。

㉓**優波尼沙陀**：人名。此經卷五講到此人，經云：「如來印我名尼沙陀，塵色既盡，妙色密圓，我從色相得阿羅漢。」

㉔**辟支無學**：指一切初發心向佛並修行獨覺、緣覺二乘的修行者及圓滿小乘道果者。辟

支即辟支佛，有兩種，一名獨覺，指在無師指教的情況下能夠獨自悟得正覺的聖者；一名緣覺，指可根據佛的說教悟得正覺的聖者。無學，即進趣圓滿，止息修習者。

㉕**休夏自恣**：又稱夏安居。在古代印度，佛僧在雨季的三個月禁止外出，獨自進行靜修，稱安居期。在中國，安居期在陰曆的四月十六日至七月十五日。安居期過後，衆僧要有一定時間在大衆中檢討自己在三個月中悟得的過失，稱自恣。

㉖**迦陵**：又云迦蘭迦、羯頻伽，皆梵文音譯，是一種叫聲很好聽的鳥的名稱。

㉗**恆沙菩薩**：恆沙，即印度恆河中的沙子，比喻數量極大。菩薩，是菩提薩埵的略稱，意譯曰覺有情，或大士，指有希望達到佛那樣覺行的聖者。菩薩修持六度，求無上菩提，最後成就佛果。大乘佛教又稱菩薩乘。

㉘**文殊師利**：菩薩名。據佛經云，文殊早已成佛，爲救度衆生化菩薩身。文殊常侍釋迦如來之左，司智慧。他手持利劍以表示智慧無敵，駕獅子以表示智慧威猛。

譯文

此時，波斯匿王正在爲其亡父的忌日舉行盛大的齋會。他準備了豐盛的美味佳饌，親自來到佛的住所，請佛赴宴，並同時延請諸大菩薩。波斯匿王所居城中的長者居士也在同一時間設齋，請衆僧吃飯。他們都在等候著佛來接受供養。佛命文殊，分成幾路率領衆菩薩及阿羅漢應邀前去赴齋。只有阿難，因爲先受另外的邀請，遠遊他方，未能參加這次齋會。

阿難遠遊，既無同輩上座的陪同，也沒有阿闍黎同行以約束他的行爲，所以他是獨自一人走在回歸的途中。這一天，因無人獻齋供食，阿難只得拿著缽，在所遊歷的城中挨門乞食。此時，阿難心中希望以最後施以齋飯的檀越爲齋主，不問淨穢，也不管他是尊貴的刹利種姓，還是鄙賤的旃陀羅，他要平等行乞，以使一切衆生那怕是無功德者都功德圓滿。阿難知道，如來世尊認爲須菩提和大迦葉，雖已證得阿羅漢果位，常常作出一些不公正的事，要麼捨貧乞富，要麼捨富乞貧。他十分欽佩如來，不分貧富貴賤而平等對待，從而不生猜疑，廣度衆生。阿難走過城壕，入城。他仰效世尊儀表，神情嚴肅，加倍注意自己的行爲。當時，阿難挨門乞食，依次來到一戶人家，但被摩登伽女的大幻術所迷。此女以從娑毗迦羅傳下來的梵天咒，使阿難迷迷糊糊地走進了淫室。摩登伽女淫亂的撫摩，將要毀掉阿難清淨的戒身。這時，如來已經知道阿難被淫術所纏，他在進齋之後，立即返回住所。波斯匿王、大臣及長者居士知佛有事，便一同隨佛而來，願意聽佛廣說法要。

當此之時，世尊頂上放射著百寶無畏光明，光中出生千葉寶蓮華，有佛的化身結跏趺坐在寶蓮華之上，宣說神咒，並敕命文殊師利帶上咒語前去保護阿難。佛的神咒將惡咒消滅，並將阿難及摩登伽女帶回佛的住所。阿難見到佛陀，頂禮膜拜，悲痛啼泣。他痛恨自己有生以來，一向以多聞自居，未能勤加修學成佛道力，殷切懇請世尊宣說十方如來修證之法，開示成就菩提覺性、修行止觀和禪那的最基本的方便法門。此時，還有無數百千菩薩及十方諸大阿羅漢、辟支佛等，都願聞佛說，退在一旁，靜心安坐，恭聆世尊的教誨。

原典

時，波斯匿王❶爲其父王諱日營齋，請佛宮掖，自迎如來，廣設珍羞無上妙味，兼復延請諸大菩薩。城中，復有長者居士同時飯僧，佇佛來應。佛敕文殊，分領菩薩及阿羅漢，應諸齋主。唯有阿難❷，先受別請，遠遊未還，不遑僧次。

既無上座，及阿闍黎❸，途中獨歸。其日無供，即時，阿難執持應器，於所遊城，次第循乞。心中初求最後檀越❹以爲齋主，無問淨穢、刹利尊姓及旃陀羅❺，方行等慈，不擇微賤，發意圓成一切衆生無量功德。阿難已知如來世尊，訶須菩提及大迦葉❻爲阿羅漢，心不均平。欽仰如來，開闡無遮，度諸疑謗。經彼城隍，徐步郭門，嚴整威儀，肅恭齋法。爾時，阿難因乞食次，經歷婬室，遭大幻術。摩登伽女❼，以娑毗迦羅❽先梵天咒攝入婬席。婬躬撫摩，將毀戒體。如來知彼婬術所加，齋畢旋歸。王及大臣、長者居士，俱來隨佛，願聞法要。

於時，世尊頂放百寶無畏光明，光中出生千葉寶蓮，有佛化身，結跏趺坐，宣說神咒。敕文殊師利，將咒往護。惡咒消滅，提獎阿難及摩登伽歸來佛所。阿難見佛，頂禮悲泣，恨無始來，一向多聞，未全道力。殷勤啓請十方如來，得成菩提，妙奢摩他❾、三摩❿、禪那⓫最初方便。於時，復有恆沙菩薩及諸十方大阿羅漢、辟支佛等，俱願樂聞，退坐默然，承受聖旨。

注釋

❶**波斯匿王**：人名，又譯曰勝軍、勝光，舍衛國國王。

❷**阿難**：阿難陀之略，佛釋迦的堂弟，佛的十大弟子之一，以「多聞第一」著稱。

❸**阿闍黎**：梵文音譯，意譯曰軌範、教授等。是對可以矯正弟子行爲，能起師範作用的高僧的敬稱。

❹**檀越**：即施主。

❺**剎利尊姓及旃陀羅**：古代印度四種姓中的兩種。剎利即剎帝利，爲第二等級，是王室貴族的種姓。第四等級稱首陀羅，又稱賤民，社會地位最低下，而旃陀羅則是居於首陀羅階級之下位者，意譯爲屠者、執暴惡人。《法顯傳》曾說：「旃陀羅名爲惡人，與人別居，若入城市則擊木以自異。」

❻**大迦葉**：佛的十大弟子之一，以「頭陀第一」著稱。

❼**摩登伽女**：摩登伽爲梵文音譯，意譯爲憍逸，惡作業，是屬於旃陀羅的一個淫女。

❽**婆毗迦羅**：又譯作劫毘羅，古印度外道數論師名。

❾**奢摩他**：梵文音譯，意譯曰止、寂靜、能滅等，是佛教修行的一種。

❿**三摩**：是三摩地之略，意譯曰定、等持等，又稱三昧，是心專注一境而不使散亂的一種佛教修行。

⓫**禪那**：梵文音譯，意譯作思維修、靜慮，是佛教的重要修行，要求靜坐息心，專注一境。

譯文

佛對阿難說：「你和我是一祖相傳，情誼如同兄弟。當你初入佛門之時，在我的佛法之中到底看到了什麼超乎尋常的美妙東西，使你頓時捨棄人世間深重的恩愛之情？」阿難告訴佛說：「我看到如來三十二種不同凡俗的容貌是那樣的端莊絕妙，簡直讓人不可思議。您的形體金色明透，好像琉璃一樣清徹明淨。我常常暗自尋思，如此相貌絕不會是欲愛所生，爲什麼呢？因爲欲愛之氣粗俗穢濁。愛欲的交媾充滿腥臊膿血相雜，絕不能生出如此分明清淨之身，也不會有無數紫色金光聚於佛身。正是這種原因，我仰慕如來，從佛剃髮出家。」

佛說：「善哉！阿難，你們應當知道，一切衆生從無始以來，就處在不間斷的生死流轉之中。這都是因爲不知道人的眞心是沒有生滅變異的，其本性本是無染著的清淨之體，從而迷著生死有情，產生種種虛妄之想。這種妄想是不眞實的，故有輪迴生死之煩惱。你現在想要窮究無上菩提，使眞妄分明，就應當毫不隱諱地照實回答我的問題。十方如來同出一道，即解脫生死諸苦皆由來自他們眞實而不虛假的直心。正因爲心和言都是眞實的，所以他們所成就的無上菩提果位的過程中，自始自終沒有任何迂曲不實的態度。阿難，我現在問你，當你心向佛法，是由於看到了如來的三十二相。那麼，你是用什麼去看，而愛慕之想又從何處產生？」

阿難對佛說：「世尊，這樣的愛慕，是用我的心和眼睛去體悟和觀察的，是用眼睛去觀看如來不可思議的形象，而於心中產生愛慕的感情。因此，我發自內心，願意捨棄生死。」佛告訴阿難：「就如同你所說的那樣，眞正的愛慕之想是產生於心目之中。但是，如果不知道心目所在，就不能降服塵世的勞苦。譬如國王，當被敵賊侵擾而發兵進行征討時，所派出的兵士必須知道敵賊到底在什麼地方，才能不負使命。同樣，使你在生死苦惱中流轉，完全是心和目引起的過患。我現在問你，心和目現在在哪裡？」

阿難對佛說：「世尊，一切世間凡夫，雖有不同的十種生態，但他們的識心都居於身內。如來縱觀十方的青蓮華眼亦是在佛的臉面之上，我現在觀望塵世的肉眼也只是在我的臉面之上。而能觀的識心也實在是居於自己的身內。」佛告訴阿難：「你現在坐在如來的講堂之中，看祇多林是在什麼地方？」阿難回答說：「世尊，此大重閣清淨講堂在給孤園中，今祇陀林是在講堂外面。」佛說：「阿難，你現在在講堂中首先看到的是什麼？」阿難答：「世尊，我在講堂中首先看到的是如來，其次是大衆，再依次向外看，才遠遠望見林園。」佛說：「阿難，你矚目林園，是什麼原因使你能夠看到？」阿難答：「世尊，此大講堂，門窗敞開，我因此能在講堂之中遠矚園林。」

原典

佛告阿難：「汝我同氣，情均天倫。當初發心，於我法中，見何勝相，頓捨世間深重恩愛？」阿難白佛：「我見如來三十二相❶，勝妙殊絕。形體映徹，猶如琉璃。常自思惟，此相非是欲愛所生，何以故？欲氣粗重，腥臊交遘，不能發生勝淨妙明紫金光聚。是以渴仰，從佛剃落。」

佛言：「善哉！阿難，汝等當知，一切衆生從無始來，生死相續，皆由不知常住眞心，性淨明體，用諸妄想。此想不眞，故有輪轉。汝今欲研無上菩提❷，眞發明性，應當直心❸酬我所問。十方如來，同一道故。出離生死，皆以直心。心言直故，如是乃至終始地位，中間永無諸委曲相。阿難，我今問汝：當汝發心，緣於如來三十二相，將何所見，誰爲愛樂？」

阿難白佛言：「世尊，如是愛樂，用我心目。由目觀見如來勝相，心生愛樂。故我發心，願捨生死。」佛告阿難：「如汝所說，眞所愛樂，因於心目，若不識知心目所在，則不能得降伏塵勞。譬如國王，爲賊所侵，發兵討除。是兵要當知賊所在，使汝流轉，心目爲咎。吾今問汝，唯心與目，今何所在？」

阿難白佛言：「世尊，一切世間十種異生❹，同將識心居在身內。縱觀如來青蓮華眼，亦在佛面。我今觀此浮根四塵❺，祇在我面。如是識心，實居身內。」佛告阿難：「汝今現坐如來講堂，觀祇陀林，今何所在？」「世尊，此大重閣清淨講堂，在給孤園。今祇陀林，實在堂外。」「阿難，汝今堂中，先何所見？」「世尊，我在堂中，先見如來，次觀大衆，如是外望，方矚林園。」「阿難，汝矚林園，因何有見？」「世尊，此大講堂，戶牖開豁，故我在堂，得遠瞻見。」

注釋

❶**三十二相**：又稱三十二大人相，指佛具有的不同凡俗的三十二種容貌特徵。

❷**菩提**：梵文音譯，意譯曰覺、智，指對佛教眞理的覺悟。

❸**直心**：即內心眞實，外無虛假。

❹**十種異生**：一般指卵生、胎生、濕生、化生、有色生、無色生、有想生、無想生、非有想生、非無想生十種。

❺**浮根四塵**：浮根即眼耳鼻舌諸根，四塵指色香味觸四境。

譯文

此時，世尊在大衆之中，舒開金色手臂，撫摩阿難的頭頂，向著阿難及諸大衆說：「有三摩提名大佛頂首楞嚴王，它包括了一切修行法門，是十方如來超脫生死，直達極果的莊嚴通途。你現在要仔細來聽。」阿難向佛頂禮，伏身聽受佛的教旨。佛對阿難說：「如同你所說，身在講堂，門窗大開，可以遠望園林。但也有衆生在此堂中竟看不見如來，卻能見到堂外之物，有這樣的事麼？」阿難回答說：「世尊，在講堂之中看不見如來，卻能看見林泉，這種說法是完全錯誤的。」佛說：「阿難，你就是這樣的。在你的心靈中，一切都很明白。如果你現在的明了之心，實在的是處在身內，那麼，這時你應該清楚地了解你身內的情況，而諸多衆生也應該是首先見到身內的東西，然後才觀看到身外之物。縱然不能看見身內的心肝脾胃，指甲的生出，頭髮的生長，筋骨的運轉，血脈的跳動等內身的活動，但心中對此應該清楚地知道，但爲什麼不知道呢？如果必定是不能知內，又怎麼能說知外呢！因此應該知道，你所說的覺了能知之心處在身內是完全不對的。」

阿難稽首並對佛說：「我聽到如來這樣的法音，從中悟到我的心實在是處在身外。爲什麼呢？譬如燈光在室中點燃，這燈光必能先照室內，通過室門然後再照亮庭院。一切衆生不能看見自己身內之物，而只看見身外之物，這也像燈光那樣，放在室外就不能照亮室中。這個道理必須明白。如果這樣，將不會再有疑惑，因爲它與佛所說的了義一致，而不會再有錯誤了。」

佛告訴阿難：「這裡的諸位比丘，剛剛隨我在室羅筏城乞食歸回祇陀林。我今天已經停齋了，你去觀察一下諸比丘，一人進食，大家會飽麼？」阿難回答說：「不會的，世尊。爲什麼？諸位比丘雖然都是阿羅漢，但身軀你是你的，我是我的，怎麼能一人進食，會讓大家都飽呢！」

佛告訴阿難：「如果你的覺了知見之心，眞的是在身外，那麼你的身軀和心就相分離，互不相干。心所感知的，身軀自然不能感覺到；而身軀所感覺到的，心當然也不會感知。我現在把我的手給你看，當你的眼睛看到的時候，你的心是否也感覺到了？」阿難回答說：「是的，世尊。」佛告訴阿難：「如果身心都能同時感知，怎麼能說這個心是在身外呢！因此，應該知道，你所說的覺了能知之心處在身外的說法是完全不對的。」

阿難對佛說：「世尊，如你所說，因爲心不能知見身內，故心不處在身內；而心所知又不能離開身軀，故心又不處在身外。我想，身與心還是居於一處。」佛說：「你說他們居於一處，這一處在什麼地方？」阿難說：「此了知心，既然不能知身內，而能見到身外，如果依照我的想法，它是潛伏在眼根裡。就好像有人取來琉璃碗罩在兩眼之上，兩眼雖然有東西罩著，但並不妨礙眼睛看東西。眼睛隨處所見，心亦隨處分別知見。我認爲，覺了能知之心，不能知見身內，其原因在於眼根；而它能淸楚地知見身外之物而沒有障礙，是因爲它潛居於眼根之中。」

佛告訴阿難：「如同你所說，心潛居於眼根之內就如同琉璃。我要問你，有人把琉璃罩在眼睛上，可以看到山河，能看見琉璃麼？」阿難說：「是的，世尊。當有人用琉璃罩著眼睛的時候，可以看見琉璃。」佛告訴阿難說：「你的心如果同琉璃合在一起，可以看見山河，爲什麼看不見自己的眼睛。如果能看見自己的眼睛，眼睛就成了心分別知見的對象，從而不能與心相合而成知見了。如果看不見眼睛，又怎麼能說此了知心潛藏在眼根之中，而如同與琉璃合呢！因此，應該知道，你所說的覺了能知之心潛伏在眼根裡就如同琉璃罩在眼睛上的說法是根本不對的。」

原典

爾時，世尊在大衆中，舒金色臂，摩阿難頂，告示阿難及諸大衆：「有三摩提，名大佛頂首楞嚴王，具足萬行，十方如來，一門超出妙莊嚴路。汝今諦聽。」阿難頂禮，伏受慈旨。佛告阿難：「如汝所言，身在講堂，戶牖開豁，遠矚林園。亦有衆生，在此堂中，不見如來，見堂外者？」阿難答言：「世尊，在堂不見如來，能見林泉，無有是處。」「阿難，汝亦如是。汝之心靈，一切明了。若汝現前所明了心，實在身內，爾時先合了知內身。頗有衆生，先見身中，後觀外物，縱不能見心肝脾胃、爪生髮長、筋轉脈搖，誠合明了，如何不知？必不內知，云何知外！是故應知，汝言覺了能知之心，住在身內，無有是處。」

阿難稽首而白佛言：「我聞如來如是法音，悟知我心實居身外。所以者何？譬如燈光，然於室中，是燈必能先照室內，從其室門，後及庭際。一切衆生，不見身中，獨見身外。亦如燈光，居在室外，不能照室。是義必明，將無所惑。同佛了義，得無妄耶。」

佛告阿難：「是諸比丘，適來從我室羅筏城，循乞摶食，歸祇陀林。我已宿齋，汝觀比丘一人食時，諸人飽不？」阿難答言：「不也，世尊。何以故？是諸比丘，雖阿羅漢，軀命不同。云何一人，能令衆飽？」

佛告阿難：「若汝覺了知見之心，實在身外，身心相外，自不相干。則心所知，身不能覺；覺在身際，心不能知。我今示汝兜羅綿手❶，汝眼見時，心分別不？」阿難答言：「如是，世尊。」佛告阿難：「若相知者，云何在外？是故應知，汝言覺了能知之心，住在身外，無有是處。」

阿難白佛言：「世尊，如佛所言，不見內故，不居身內；身心相知，不相離故，不在身外。我今思惟，知在一處。」佛言：「處今何在？」阿難言：「此了知心，既不知內，而能見外，如我思忖，潛伏根裡。猶如有人，取琉璃碗，合其兩眼，雖有物合，而不留礙。彼根隨見，隨即分別。然我覺了能知之心，不見內者，為在根故；分明矚外，無障礙者，潛根內故。」

佛告阿難：「如汝所言，潛根內者，猶如琉璃。彼人當以琉璃籠眼，當見山河，見琉璃不？」「如是，世尊。是人當以琉璃籠眼，實見琉璃。」佛告阿難：「汝心若同琉璃合者，當見山河，何不見眼。若見眼者，眼即同境，不得成隨。若不能見，云何說言此了知心，潛在根內，如琉璃合。是故應知，汝言覺了能知之心，潛伏根裡，如琉璃合，無有是處。」

注釋

❶**兜羅綿手**：兜羅綿是古代印度的一種野生綿，十分柔軟，用此比喻佛的手。

譯文

阿難對佛說：「世尊，我現在又有這樣的想法：每一位衆生之體，腑臟在體內，竅穴居體外。腑臟藏於身內則暗，竅穴居於體外則明。現在，我面對著佛，睜開眼睛即可看見光明，名爲見外；合上眼睛看見的只是黑暗，名爲見內。這種想法對麼？」

佛告訴阿難：「當你合上眼睛看暗的時候，這種暗的境界與眼睛相對應，還是不相對應？若與眼睛對應，暗就在眼前，怎麼能說成是內呢！如果能說成是內者，你處在暗室之中，沒有日月燈光，此暗室難道都成了你的三焦腑臟嗎！如果不與眼睛相對，怎麼能說成是見。如果離開外見，可以見到身內之暗，那麼合眼所見之暗，就是身中的腑臟。如果合眼能返觀身中腑臟之暗，那麼睜開眼睛所見到的明，就是自己的臉面。如果開眼看不到臉面，那麼合眼也就看不到身內之暗。如果開眼可以見到臉面，此了知心及眼根就處在虛空，如何能成內見。如果處在虛空，自然不是你的身體的部分。如果你堅持見到你臉面的定是你自己，就像如來現在看到你時，如來就不是如來之身，而是你了。既然眼睛離開形體而有知見，那麼離眼之身自然應當沒有知覺。你如果一定堅持說身和眼都有知覺，那麼應該有兩種知覺，即你的一身有兩個形體，應成就兩佛。因此，應該知道你所說的見暗名見內者，也是完全不對的。」

阿難說：「我曾經聽佛開導四衆說：種種法是由心產生的，心的種種思惟變化又是由法產生的。我現在想，思惟之體就是我的心性。心是隨著與法相合而產生知見，並不是處在身內、身外和眼根三處。」佛告訴阿難：「你現在說，心的種種思惟變化是法引起的，心是隨著與法相合而產生知見。如果是這樣的話，這種心是沒有自體的，沒有自體就無所謂相合。如果沒有自體而能夠相合者，就好像十八界外又有第十九界，六塵之外又有第七塵那樣，皆是沒有自體的虛言，怎麼能說有合。這樣的道理是不通的。如果說心有自體，以你自己的手去觸摩你自己的身體，這時，你的知覺之心是從身內出來，還是從身外而入？如果是從身內出，其心就可以返見身中五臟；如果是從外來，就應當先見到自己的臉。」阿難說：「所謂見指的是眼見，心知不是眼見。如果以心知為見，此理不通。」佛說：「假若眼睛能見，你在室內能看見門麼？許多已死之人，眼睛尚存，應該都能夠看見東西。如果能看見東西，還能說是死麼？阿難，再說，你的覺了能知之心，如果必定有體，是只有一個體，還是有幾個體？現在在你的身上，心體處在一個地方，還是遍及全身？如果只有一個體，你以手觸摩你的一個肢體時，四肢都應該感覺到。如果都能感覺到的話，那麼手觸摩的那個肢體就無法確定。如果能知道手觸摩的是那個肢體，說明只有一個肢體有感覺，這樣你所說的只有一個體就不能成立。如果有幾個體，一個人只有一個心，幾個心體就有幾個人，哪個心體是你的。如果心體遍及全身，這與只有一個體沒有區別；如果心體處在身上的某一處，當你觸摩頭部，又同時摩脚，當頭部有感覺時，脚就不會有感覺，實際上兩處都有感覺。因此，應該知道，所謂心是隨著與法相合而產生知見的說法也是不對的。」

原典

阿難白佛言：「世尊，我今又作如是思惟：是衆生身，腑藏在中，竅穴居外。有藏則暗，有竅則明。今我對佛，開眼見明，名為見外。閉眼見暗，名為見內，是義云何？」佛告阿難：「汝當閉眼見暗之時，此暗境界，爲與眼對，爲不對眼？若與眼對，暗在眼前，云何成內。若成內者，居暗室中，無日月燈，此室暗中，皆汝焦腑。若不對者，云何成見。若離外見，內對所成，合眼見暗，名爲身中。開眼見明，何不見面。若不見面，內對不成。見面若成，此了知心，及與眼根，乃在虛空，何成在內。若在虛空，自非汝體。即應如來今見汝面，亦是汝身。汝眼已知，身合非覺。必汝執言身眼兩覺，應有二知。即汝一身，應成兩佛。是故應知，汝言見暗，名見內者，無有是處。」

阿難言：「我嘗聞佛開示四衆❶：由心生故，種種法❷生。由法生故，種種心生。我今思惟，即思惟體，實我心性。隨所合處，心則隨有，亦非內外中間三處。」佛告阿難：「汝今說言，由法生故，種種心生，隨所合處。心隨有者，是心無體，則無所合。若無有體而能合者，則十九界❸，因七塵❹合。是義不然。若有體者，如汝以手自挃其體，汝所知心，爲復內出，爲從外入？若復內出，還見身中。若從外來，先合見面。」阿難言：「見是其眼，心知非眼。爲見非義。」佛言：「若眼能見，汝在室中，門能見不？則諸已死，尚有眼存，應皆見物。若見物者，云何名死？阿難，又汝覺了能知之心，若必有體，爲復一體，爲有多體？今在汝身，爲復遍體，爲不遍體？若一體者，則汝以手挃一支時，四支應覺。若咸覺者，挃應無在。若挃有所，則汝一體，自不能成。若多體者，則成多人，何體爲汝。若遍體者，同前所挃。若不遍者，當汝觸頭，亦觸其足，頭有所覺，足應無知，今汝不然。是故應知，隨所合處心則隨有，無有是處。」

注釋

❶**四衆**：指出家與未出家的佛教徒，總稱曰四衆弟子，即比丘、比丘尼、優婆塞、優婆夷。

❷**種種法**：法，梵文音譯曰達磨。有兩種意義，一指一切事物和現象，包括物質的、精神的一切現象，如此處所云種種法；一指道理，如佛法。

❸**十九界**：佛教講十八界，即六根（眼耳鼻舌身意）、六塵（色聲香味觸法）、六識（眼識、耳識、鼻識、舌識、身識、意識）的總和，如說十九界即虛言也。

❹**七塵**：只有六塵，說七塵就如同說十九界一樣，爲不實之辭。

譯文

阿難對佛說：「我也曾聽佛與文殊等諸大法王子談論實相時說：心不在身內，也不在身外。我對此的理解是：心不能知道身內臟腑，故在身外。那麼，身與心離，又怎麼能相互感知呢？不能知內，因此不能說在內。而身和心實際上是不可分的，因此在外的說法也與理不通。既然心不可能離開身體，又不能說是在身內，我看處在中間。」

佛說：「你說處在中間，中間又在什麼地方，是在身外的一個地方，還是在你的身上？如果在你的身上，是在身體的邊緣處，就不能說是中間；如果在身體的中間，這與說在內又有什麼區別。如果處在身外，是有一個識別的標記，還是沒有這樣的標記？如果沒有這樣的標記，就如同沒有一樣；如果眞有這樣的標記，這也是一個不確定的東西。比如以人作標記，當處在中間位置時，從東面看是西，從南面看則是北。這種能作爲標記的東西既然是這樣的不確定，其心也一定是沒有確定的位置而處在雜亂之中。」

阿難說：「我所說的中，並不是指身中和身外兩種。如同世尊所說，眼睛看見物體的原因是產生於眼識。眼睛能夠分別物體產生識覺，而外塵物體則是沒有知覺的。識產生於眼睛和物體之間，這就是心的所在。」佛說：「你的心如果在眼根和外界塵境之間，這樣的心體是兼有眼根和塵境二者，還是不兼而有之？如果是兼而有之的話，眼根和塵境就都有知覺，從而使心體和外塵物體相雜而造成混亂。外塵物體無知，而心體有知，知與無知相對立而存在，怎麼能說處在中間呢！如果心體不兼而有之，若不兼根，眼根就不會成爲有知之根；若不兼塵，則外界塵境就不是知的物體。離開了眼根和塵境也就沒有了心體的知性，中位也就不存在了。因此，應該說心體在根塵之間也是不對的。」

阿難對佛說：「世尊，過去我曾看到佛與大目連、須菩提、富樓那、舍利弗四大弟子共同討論佛法時常說：人的覺了知見，即識別物體的心體本性既不在內，亦不在外，也不在中，不在任何地方。一切都無所著，即是所謂的心體。那麼，我不執著任何物體，是不是可以稱作心體？」佛告訴阿難：「你說覺知了別心性不在任何地方，實際上，人世間是一片虛空，水中的，陸上的，天上飛的，地上走的，這所有的萬事萬物就是世間的一切。如果如同你所說，心體不執著於如上所述的一切萬物之上，那麼這些物體是有，還是沒有。沒有，就如同龜毛兎角那樣，根本就沒有所著之體，無著又從何談起。如果存在著不著的物體，就不能說無著。沒有外界的現象世界，就是沒有執著的物體，如果有不執著的物體，就是有外界的現象世界存在。有現象世界存在，就不能說無著。因此，應該知道，一切都無所著是覺了知心的說法是完全不對的。」

原典

阿難白佛言：「世尊，我亦聞佛與文殊等諸法王子❶談實相❷時，世尊亦言：心不在內，亦不在外。如我思惟，內無所見，外不相知，內無知故。在內不成，身心相知，在外非義。今相知故，復內無見，當在中間。」佛言：「汝言中間，中必不迷，非無所在。今汝推中，中何爲在。爲復在處，爲當在身。若在身者，在邊非中，在中同內。若在處者，爲有所表，爲無所表。無表同無，表則無定。何以故？如人以表，表爲中時。東看則西，南觀成北。表體既混，心應雜亂。」

阿難言：「我所說中，非此二種。如世尊言，眼色爲緣，生於眼識。眼有分別，色塵無知。識生其中，則爲心在。」佛言：「汝心若在根塵之中，此之心體，爲復兼二，爲不兼二？若兼二者，物體雜亂。物非體知，成敵兩立，云何爲中。兼二不成，非知不知，即無體性，中何爲相。是故應知，當在中間，無有是處。」

阿難白佛言：「世尊，我昔見佛與大目連、須菩提、富樓那、舍利弗四大弟子，共轉法輪❸常言：覺知分別心性，既不在內，亦不在外，不在中間，俱無所在。一切無著，名之爲心。則我無著，名爲心不？」佛告阿難：「汝言覺知分別心性，俱無在者，世間虛空，水陸飛行諸所物象名爲一切。汝不著者，爲在爲無。無則同於龜毛兎角，云何不著。有不著者，不可名無。無相則無，非無即相。相有則在，云何無著。是故應知，一切無著名覺知心，無有是處。」

注釋

❶**法王子**：法王一般指佛，如《法華經》云：「如來是諸法之王。」法王子一般指菩薩，他們得佛教旨，弘揚佛法而廣度衆生。

❷**實相**：佛教把萬事萬物眞實常住的本體稱之爲實相，實相也是佛教徒所追求的眞理，故涅槃、眞諦、無爲、眞性等皆爲實相的異名。

③**轉法輪**：法輪指佛的教法，意爲佛的教法猶如轉輪王的輪寶能摧毀衆生業惑轉入聖道；又喻佛的教法不停滯於一人一處，代代相傳，猶如車輪不停地向前轉動。轉法輪即宣說佛的教法。

譯文

當此之時，在大衆中的阿難，從座位上站起來，偏袒著右肩，以右膝著地，合掌向佛禮拜，並對佛說：「我是如來最年幼的弟弟，因蒙受到佛的慈心愛護，雖然現在出家了，仍然恃佛之憐愛而憍慣自己，所以雖以多聞著稱，卻未能得到解脫苦惱的無漏之法，不能破除娑毗羅咒而爲其所制，幾乎沉溺於淫舍之中。這是不知道眞心實際所在而造成的。惟願世尊發大慈哀愍之心，向我們開示眞心所在的止觀之路，以使一切斷善根之人毀滅邪見，識佛正法。」阿難說完這些話之後，五體投地。而在坐的大衆也都傾心渴求，翹首佇望，以欽佩和敬仰的心情，期待著佛的教誨。

此時，世尊從他的面門中放射出種種佛光。其光閃耀，如同幾百幾千個太陽，使整個佛的神力所達到的世界發出六種震動，而這整個的十方世界也在同一時間展現出來，佛無比的神威使十方世界頓然合成一界。在這個十方世界中的一切菩薩們，此時皆在自己所在的國土中，合掌恭聽佛的教誨。

佛告訴阿難：「一切衆生，從無始以來，就爲種種虛妄顚倒的事理所迷惑，不知如何修行，從而使生死諸苦越積越深，形成自然種子，子子相生，沒有中斷。這就如同惡叉樹上的果實落地，粒粒相連。因此，許多修行之人，不能成就最高的菩提覺性，而另外成就了聲聞、緣覺二乘道果，甚至離開了佛的正法而心遊於外道，成爲諸天魔王以及他們的親眷。這都是因爲不知道眞心和妄心這兩種修行的根本所在，而以妄修視爲眞修的緣故。這就如同煮沙子而想變成美味佳饌一樣，縱然經歷塵沙劫而最終難成。

「什麼是眞心和妄心這兩種修行的根本所在呢？阿難，一者是衆生無始以來生死流轉的根本，也就是現在你及所有衆生以眼耳等六根攀附外在所聞見覺知的塵境而產生的妄心，都認爲是獨立實在的本性。其二是菩提涅槃的元本清淨之體，也就是你現在本就具有的，本來自明的，能夠識別一切的精妙的本心。此心最極微細，不生不滅，能生諸塵識，而又爲諸識所不能自見的元明心體。許多衆生由於不識自身本來自明的心體，所以終日修行而不能自悟，從而枉受六道輪迴之苦。阿難，你現在想知道修行止觀之路，盼望脫離生死諸苦，我現在再問你。」

這時，如來舉起他金色的手臂，把有千輻輪紋的五指彎曲成拳狀，然後對阿難說：「你現在看見了沒有？」阿難說：「看見了。」佛說：「你看見了什麼？」阿難說：「我看見如來舉起手臂，再把五指彎曲成大放光明的拳頭，以照耀我的心目。」佛說：「你是用什麼看見的？」阿難說：「我和大家都是用眼睛看見的。」佛對阿難說：「你剛才回答我說：是如來彎曲五指而成有光明的拳頭，以照耀你的心目。你的眼睛是可以看見的，但是當我的拳頭照耀你的時候，你的心又在哪裡呢？」阿難說：「如來現在追問我的心在哪裡？現在，我用我的心進行推理和研究，或者觀察和區分事物。因此，我認為這能推理的就是我的心體。」佛說：「咄！阿難，你所說的心不是你的心。」阿難驚愕地離開座位，合掌起立而對佛說：「這不是我的心，應該叫它什麼？」佛告訴阿難：「這是你的妄識所顯現的六塵的虛假的妄相。是它們迷惑你的眞性，使你從無始以來到今日，認賊為子，而使本來的元明眞心隱沒，把妄想認為是眞心之體，從而遭受輪迴之苦。」

原典

爾時，阿難在大衆中，即從座起，偏袒右肩，右膝著地，合掌恭敬而白佛言：「我是如來最小之弟，蒙佛慈愛，雖今出家，猶恃憍憐，所以多聞，未得無漏。不能折伏娑毗羅咒，爲彼所轉，溺於婬舍，當由不知眞際所詣。惟願世尊，大慈哀愍，開示我等奢摩他路，令諸闡提❶，隳彌戾車❷。」作是語已，五體投地。及諸大衆，傾渴翹佇，欽聞示誨。

爾時，世尊從其面門放種種光。其光晃耀，如百千日。普佛世界，六種震動❸。如是十方微塵國土，一時開見。佛之威神，令諸世界合成一界。其世界中，所有一切諸大菩薩，皆住本國，合掌承聽。

佛告阿難：「一切衆生，從無始來，種種顚倒，業種❹自然，如惡叉聚❺。諸修行人，不能得成無上菩提，乃至別成聲聞❻緣覺，及成外道❼、諸天魔❽王及魔眷屬。皆由不知二種根本，錯亂修習。猶如煮沙，欲成嘉饌。縱經塵劫，終不能得。

「云何二種？阿難，一者無始生死根本。則汝今者，與諸衆生，用攀緣心❾爲自性⑩者。二者無始菩提涅槃元清淨體。則汝今者識精元明，能生諸緣⑪，緣所遺者。由諸衆生，遺此本明，雖終日行，而不自覺，枉入諸趣⑫。阿難，汝今欲知奢摩他路，願出生死。今復問汝。」

即時，如來舉金色臂，屈五輪指⑬，語阿難言：「汝今見不？」阿難言：「見。」佛言：「汝何所見？」阿難言：「我見如來舉臂屈指爲光明拳，耀我心目。」佛言：「汝將誰見？」阿難言：「我與大衆同將眼見。」佛告阿難：「汝今答我，如來屈指爲光明拳，耀汝心目。汝目可見，以何爲心，當我拳耀？」阿難言：「如來現今徵心所在，而我以心推窮尋逐，即能推者，我將爲心。」佛言：「咄！阿難，此非汝心。」阿難矍然，避座合掌，起立白佛：「此非我心，當名何等？」佛告阿難：「此是前塵⑭虛妄相想，惑汝眞性。由汝無始至於今生，認賊⑮爲子，失汝元常，故受輪轉⑯。」

注釋

❶闡提：一闡提之略。有兩種意義，一指斷了善根的衆生，一指無信之人。這兩種人都不能成佛。但《涅槃經》提出一切衆生悉有佛性的觀點，即闡提之人也可成佛。

❷**彌戾車**：梵文音譯，又譯作蜜利車，意譯作垢濁種、惡見，或樂垢穢之人。

❸**六種震動**：佛教把大地的震動分爲六種，有爲動六時，爲動六方，爲動六相之說。六相者即動、踊、震、起、吼、擊。

❹**業種**：業，梵文音譯羯磨的意譯。佛教把人的行爲，包括思想活動稱之爲業，區分爲身、口、意三種，稱三業。人的行爲即業，不會因爲行爲的終結而消失，它將得到報應，即善有善報，惡有惡報。這種行爲的積累所造成的報應之因，稱業因，也叫業種。

❺**惡叉聚**：惡叉，樹名。其樹果實落地，多聚於一處。此處比喻惑業苦等種種顚倒同時具足。

❻**聲聞**：佛教三乘之一，指從佛聞聲而得道者。這種修行者只有在親自聽到佛的教導時，才能理解和接受佛的道理。他們以修學四諦爲主，以自身解脱爲目的，以阿羅漢爲最高道果。

❼**外道**：指佛教以外的其他宗教派別。在釋迦牟尼佛時代有六師外道及所謂九十六種外道之説。

❽**天魔**：天，指佛教所講五趣之一的天趣，是有情衆生的最高一級；魔，梵文音譯魔羅

的略稱。佛教把一切破壞修行，擾亂身心，障礙佛法的人和事稱之爲魔。

❾**攀緣心**：緣，指人的心識對外境的作用，如眼見色，耳聞聲等。攀緣心即攀緣事物之心。

❿**自性**：衆生本有的成佛的本性，與佛性同。

⓫**諸緣**：指人的心識所能分別的一切物質和精神的現象。

⓬**諸趣**：趣，所往之意，即衆生因各自的業因所得到的果報，所謂「因能向果，果爲因趣，故名爲趣」。諸趣即衆生所得到的各種果報，一般稱五趣，指天、人、畜生、餓鬼、地獄，再加上阿修羅爲六趣，又稱六道。

⓭**五輪指**：說佛的指端有千輻輪紋。

⓮**前塵**：指妄心所現的塵境。

⓯**賊**：佛教把六塵稱爲六賊。

⓰**輪轉**：指六道輪迴，即衆生各依自己的善惡業因在六道中生死交替，有如車輪旋轉不停。

譯文

阿難對佛說：「世尊，我是佛所寵愛的兄弟，心中充滿對佛的熱愛，所以我才出家。我的心何只是唯獨供養如來，當我走遍無數國家，去奉事十方諸佛以及善知識，用無比的勇猛去作一切困難的弘揚佛法之事時，也都是這種心支配的。既便是我眞的誹謗佛法，永遠的斷盡善根，也是這個心支配的結果。如果我的這些行爲不是我的心支配的，我就是一個沒有心的人，就如同土木一樣。我離開這種覺知之心，就再沒有其他的心可得了。如來您爲什麼說此心不是我的心？我對此實在感到驚奇和恐怖！在坐的大衆也無不對此感到困惑不解。惟願如來，以大慈大悲之心，開導尚未醒悟的我們大家。」

此時，世尊開示阿難以及在坐的大衆，欲使他們獲得無生法忍，即遠離生死諸苦，獲得常住不滅的本妙眞心。於是，如來在師子座上撫摩阿難的頭頂，並告訴他說：「如來常說，世間萬物的產生都是心的變化；一切由因緣所產生的萬事萬物，大至世界，小至微塵，都是依眞心而成自體。阿難，如果十方世界的一切存在，其中包括草葉縷絲之類，追求其根源，都有體性，既便是虛空亦有其名稱和相貌，更何況清淨妙靜的元明眞心。一切萬事萬物都是眞心所顯現的影像，豈能沒有自體。如果你堅持認爲分別物類、推究事理的所了知性一定就是眞心，那麼，此心就應脫離一切色香味觸諸塵所成就的事物和行業，獨自有一個完整的體性。

比如，如同你今天這樣恭敬地聽我說法，這是依據我的聲音使你產生感知。假若熄滅一切見聞覺知，而使內心處在寂滅的狀態之下，這仍然是六塵中意識所顯現的一種虛幻的存在。我不是一定要你承認覺了知性不是眞心，但你要在心中仔細地琢磨一下，如果離開了眼前的六塵而存在覺了知性，我就承認那是你的眞心。如果你的覺了知性，離開了六塵外境就不復存在，就是說，眼前所顯現的六塵境地是心識所變現的虛幻的存在。六塵是處在生滅變化之中，當它們處在壞滅之時，此覺了知性也就隨著外境的滅亡而不復存在。這就如同龜毛兎角一樣，皮之不存，毛將安附。你的有生滅的生身，同樣是處在生滅變化之中，如果你堅持你的覺了知性是常住眞心，如果此心消滅了，你持何身修習無生法忍。」

是時，阿難與在坐的大衆都知道自己所持的觀點是錯誤的，個個默然無語。佛進而對阿難說：「世間一切修學之人，雖然成就了九次第定，即斷滅了一切心識，但不能解脫煩惱，證成阿羅漢果。這都是因爲堅持此生死之身所成妄想是眞實的，而不辨眞妄。正因爲如此，你現在雖知道的很多，卻不能成就聖果。」

原典

阿難白佛言：「世尊，我佛寵弟，心愛佛故，令我出家。我心何獨供養如來，乃至遍歷恆沙國土，承事諸佛及善知識❶，發大勇猛，行諸一切難行法事，皆用此心。縱令謗法，永退善根❷，亦用此心。若此發明不是心者，我乃無心，同諸土木。離此覺知，更無所有。云何如來，說此非心。我實驚怖，兼此大衆，無不疑惑。惟垂大悲，開示未悟。」

爾時，世尊開示阿難及諸大衆，欲令心入無生法忍❸。於師子座，摩阿難頂，而告之說：「如來常說，諸法所生，唯心所現。一切因果，世界微塵，因心成體。阿難，若諸世界一切所有，其中乃至草葉縷結，詰其根元，咸有體性。縱令虛空，亦有名貌。何況清淨妙淨明心，性一切心，而自無體。若汝執悋，分別覺觀，所了知性，必爲心者，此心即應離諸一切色香味觸諸塵事業，別有全性。

如汝今者承聽我法，此則因聲而有分別。縱滅一切見聞覺知，內守幽閑，猶爲法塵❹分別影事❺。我非敕汝，執爲非心。但汝於心微細揣摩，若離前塵有分別性，即眞汝心。若分別性離塵無體，斯則前塵分別影事。塵非常住，若變滅時，此心則同龜毛兎角。則汝法身，同於斷滅，其誰修證無生法忍？」

即時，阿難與諸大衆，默然自失。佛告阿難：「世間一切諸修學人，現前雖成九次第定❻，不得漏盡成阿羅漢。皆由執此生死妄想，誤爲眞實。是故，汝今雖得多聞，不成聖果。」

注釋

❶**善知識**：能教導衆生遠離十惡，修行十善者，所謂「聞名爲知，見形爲識，使人益我菩提之道，名善知識」（《法華文句》語）。

❷**善根**：身口意三業之善，固不可拔，謂之善根；又善能生妙果，生餘善，故謂之根。善根者，即不貪、不恚、不癡，一切善法由此而生。

❸**無生法忍**：略云無生忍。忍者，忍耐，安忍；無生，即諸法不生不滅之實相。修行者深悟諸法不生不滅之理，心智寂滅，不爲任何生滅法所動，謂之無生法忍。得此無生法者，不起不作諸種行業。

❹**法塵**：與六根之一的意根相對的塵境，即意識所緣諸法。在十二處中稱法處，在十八界中稱法界。

❺**影事**：六塵並非眞實的存在，虛幻如影，故稱前塵影事。

❻**九次第定**：指色界之四禪和無色界之四無色定及滅受想定等九種禪定。以不雜他心，依次自一定入於他定，故稱次第定，意爲次第無間所修之九種定。

譯文

阿難聽後，再次悲痛淚流。他五體投地，長跪合掌而對佛說：「自從我跟隨佛誠心出家以來，常常自己在想，以爲有佛的神威，何苦勞我自己去苦苦修行呢！如來一定會恩賜我成就佛智的三昧定力。豈不知身心本來是不能相互替代的。如果持妄心而失去眞心，雖然出家爲僧，身受佛戒，但心還是沒有入道。就譬如離開父親而受窮苦的遊子那樣，不識眞心而趨向邪妄。今天我才認識到，我雖然親在佛的身旁，知道的很多，但如果不勤加修行，就等於什麼也沒有聽到；就如同聽別人談論吃飯一樣，自己終究是不會飽的。世尊，我以及大衆現在被煩惱和所知這兩種障礙所糾纏，而不能悟知寂靜常住的心性，惟願如來憐愍我們這些旣無功德又缺少慈愛的人吧！啓發我們的智慧使眞妄顯現的妙明之心，明亮我們的抉擇分明的有道之眼。」

此時，如來從胸前卍字相中放射出寶光，其光有百千種色彩，比日月還要明亮，一時照遍了十方諸佛世界的一切微塵，洞徹十方一切佛剎的所有的如來頂，不久又照射著阿難以及在坐的大衆。

佛告訴阿難說：「我現在爲你建立顯示根本智性的大法幢，同時要使十方一切衆生都能獲得本來寂靜而無形聲的微妙密性和不曾汚染了的本覺明心，以及遠離生死諸塵，稱理而周遍一切的清淨眼。阿難，你先前回答我說：見了我的光明拳。我問你，此拳頭爲什麼會有光明，拳頭又是怎樣形成的，你又看到了什麼？」阿難說：「佛全身上下的閻浮檀金放射著金黃色的光燄，像一座寶山，是清淨所生，因此而有光明。此光明我是用眼睛看到的。您把您的五輪手指彎曲後又握在一起給我們大家看，因而才有了您的拳頭的相。」

佛告訴阿難：「如來今天實話告訴你吧！許多有智慧的人是要以譬喻才能使他們開悟的。阿難，譬如我的拳頭，如果沒有我的手，就不會有我的拳頭。如果沒有你的眼睛，就不會有你的所見。以你的眼根與塵境的關係比喻我的拳頭的形成，這兩者的意義能夠等同嗎？」阿難說：「可以的，世尊，既然沒有我的眼睛，就不會形成我的所見。以我的眼根，比例如來的拳頭，兩件事的意義有類似的地方。」

佛對阿難說：「你言說其意義相類似，其實不然，爲什麼？比如沒有手的人，他的拳頭也就根本不存在了；而那些沒有眼睛的人，並不是什麼也看不見。爲什麼這樣說呢？你試著在馬路上問一問盲人：『你看見了什麼？』這些盲人一定會回答你說：『我現在眼前唯一看到的是黑暗，此外再沒有看見什麼東西。』從這個意義上說，眼前的塵境是自暗，見暗亦是見，對於見來說並沒有損傷。」阿難說：「盲人們的眼前，只見到一片黑暗，何以能說成見？」

佛對阿難說：「盲人們沒有了眼睛，只能看見黑暗，這與有眼睛的人，在暗室中所見到的一片黑暗，這兩種黑暗有區別，還是沒有區別？」阿難回答說：「是這樣的，世尊，處在暗室中的人，與那些盲人所見到的黑暗相比較，確實沒有什麼不同。」

佛說：「阿難，如果盲人見到的完全是一片黑暗，忽然，眼睛復又明亮，重新見到了外界的形形色色的東西，這就叫做眼見。而處在暗室中的那些人，眼前的一切也是一片黑暗，忽然，獲得燈光，而見到眼前形形色色的東西，這應當稱其爲燈見。如果稱作燈見，燈就應該有見。這樣，燈也就不能稱做燈了。再說，如果是燈在觀見，與你又有什麼關係。因此，應當知道，燈只能照見物體，如果說有見，那是眼睛而不是燈。而眼睛也只是顯現物體，具有見這種體性的是心，並不是眼睛。」

阿難聽到世尊的這些話，與在座的大衆無言以對而默默思索，但其心並沒有開悟，仍然希望如來進一步宣講慈音。因此，他們個個合掌靜心，等待著佛的教誨。

原典

阿難聞已，重復悲淚，五體投地，長跪合掌，而白佛言：「自我從佛發心出家，恃佛威神。常自思惟，無勞我修，將謂如來，惠我三昧。不知身心本不相代，失我本心。雖身出家，心不入道。譬如窮子，捨父❶逃逝。今日乃知，雖有多聞，若不修行，與不聞等。如人說食，終不能飽。世尊，我等今者，二障所纏，良由不知寂常心性。惟願如來，哀愍窮露，發妙明心，開我道眼。」

即時如來，從胸卍❷字涌出寶光。其光晃昱，有百千色，十方微塵，普佛世界，一時周遍。遍灌十方所有寶刹諸如來頂，旋至阿難及諸大衆。

告阿難言：「吾今爲汝建大法幢❸，亦令十方一切衆生獲妙微密性淨明心，得清淨眼❹。阿難，汝先答我見光明拳。此拳光明，因何所有，云何成拳，汝將誰見？」阿難言：「由佛全體閻浮檀金❺，艷如寶山，清淨所生，故有光明。我實眼觀，五輪指端屈握示人，故有拳相。」

佛告阿難：「如來今日實言告汝，諸有智者，要以譬喻而得開悟。阿難，譬如我拳，若無我手，不成我拳。若無汝眼，不成汝見。以汝眼根，例我拳理，其義均不？」阿難言：「唯然。世尊，既無我眼，不成我見。以我眼根，例如來拳，事義相類。」

佛告阿難：「汝言相類，是義不然。何以故？如無手人，拳畢竟滅。彼無眼者，非見全無。所以者何？汝試於途，詢問盲人，汝何所見。彼諸盲人必來答汝：『我今眼前，唯見黑暗，更無他矚。』以是義觀，前塵自暗，見何虧損。」阿難言：「諸盲眼前，唯睹黑暗，云何成見？」

佛告阿難：「諸盲無眼，唯觀黑暗，與有眼人處於暗室。二黑有別，爲無有別？」

「如是。世尊，此暗中人，與彼群盲，二黑校量，曾無有異。」

「阿難，若無眼人，全見前黑，忽得眼光，還於前塵見種種色，名眼見者。彼暗中人，全見前黑，忽獲燈光，亦於前塵見種種色，應名燈見。若燈見者，燈能有見，自不名燈。又則燈觀，何關汝事。是故當知，燈能顯色。如是見者，是眼非燈，眼能顯色。如是見性，是心非眼。」

阿難雖復得聞是言，與諸大衆口已默然，心未開悟，猶冀如來慈音宣示，合掌清心，佇佛悲誨。

注釋

❶**窮子捨父**：這是一個比喻，是說一個富家子，因幼稚而離家出走，結果受盡煎熬。其父爲了教育其子，逐步改變他的處境，使其去掉劣根，認識自己的本來面目。

❷**胸卍字**：卍字是佛的三十二相之一，居於佛的胸前。梵文音譯曰阿悉底迦，意曰有樂，

是吉祥勝德之相。

❸**大法幢**：幢，此翻爲旗，是用絲帛製作的，用高竿懸起的莊嚴飾物。法幢，比喻妙法高聳，如幢高懸。

❹**清淨眼**：又稱清淨法眼，佛教所講五眼之一。五眼即肉眼、天眼、慧眼、法眼、佛眼。法眼是衆菩薩所具有的，爲普度衆生而照見一切法門的智慧眼。

❺**閻浮檀金**：閻浮爲樹名，檀爲河，即閻浮林中有河，其河下有金，稱閻浮檀金。

譯文

這時，世尊舒展其像兜羅綿網那樣厚實而柔軟的大手，伸開有著光輪的五指，向阿難及在坐的大衆宣說道：「我最初成道之時，在鹿野園中，對阿若多等五比丘及你等四衆弟子說：一切衆生不能成就菩提覺性和阿羅漢果，都是由於被客塵煩惱所誤。你們當時是因爲什麼而開悟的，並成就了今天的聖果？」這時，憍陳那從座位上站起來並對佛說：「我現在已經成爲長老，在衆弟子中以最早理解佛的教法而獨得『解名』。我是因爲解悟了『客塵』二字而成聖果的。世尊，譬如一外出的旅客，投宿在一家旅店之中，食宿以後，又整裝去往他方，而不會安心地住了下來。如果是旅店的主人，自然不會這樣。我是這樣想的：不住者名爲客人，而常住者名爲主人，以不常住者名爲客義。又如雨過天晴，清新的太陽升起，陽光從空隙中進入室內。從進入室內的光線中，看到虛空中有許多塵粒。塵粒在光線中晃動，而虛空則寂然不動。我是這樣想的，寂然不動的名空，而在光線中搖動的名塵，以搖動者名爲塵義。」佛說：「是這樣的。」

就在此時，如來在大衆之中，先彎曲他有著光輪的五指，然後再伸開；伸開之後又再次彎曲，之後對阿難說：「你現在看見了什麼？」阿難說：「我看見如來有著百寶光輪的手，在大衆中開合。」佛對阿難說：「你看見我的手在大衆中開合，是我的手有開有合，還是你的見有開有合？」阿難回答說：「世尊，是您的寶手在大衆中開合，並不是我的有見之性有開有合。」佛說：「是誰在動，誰又是處在靜中？」阿難說：「佛的手在動，而我的能見之性是從來不動的，根本說不上處在靜中，何言動與不動。」佛說：「是這樣的。」

於是，如來從輪掌中放射出一束寶光，照射在阿難的右方，阿難轉過頭向右看；

如來又射出一束寶光在阿難的左方，而阿難又把頭轉向左看。佛對阿難說：「你的頭今天爲什麼來回搖動？」阿難說：「我看見如來放射出妙寶之光照射在我的左右，所以我左右觀望，頭也就隨之搖動。」佛說：「阿難，你爲了看見佛光，而使頭左右搖動，是你的頭動，還是你的見動？」阿難說：「世尊，我的頭是自己在動，而我的能見之性從來都不曾停止，更談不上有誰來搖動它了。」佛說：「是這樣的。」

於是，如來對在坐的所有的人說：「譬如還有衆生把搖動的叫做塵，把不常住的名之爲客。你們都看見了，阿難的頭是自己在搖動，而他的見並沒有動。你們也看見了，我的手是自己在開在合，而見並沒有舒開卷起之性。你們爲什麼今天說，以動搖的身，以動搖的爲塵境呢？你們從有生以來以至今日，都在念念不忘有生有滅的身境妄相，從而遺失了眞常的妙性而不辨眞妄，以至所行之事一一顚倒。既然失去眞常妙性，所以把塵境識爲眞身，由此陷入輪迴之中，不得解脫。」

原典

爾時，世尊舒兜羅綿網相光手，開五輪指，誨敕阿難及諸大衆：「我初成道，於鹿園中，爲阿若多五比丘❶等，及汝四衆言：一切衆生不成菩提及阿羅漢，皆由客塵❷煩惱所誤。汝等當時因何開悟，今成聖果？」時，憍陳那起立白佛：「我今長老❸，於大衆中，獨得解名。因悟客塵二字成果。世尊，譬如行客，投寄旅亭，或宿或食。食宿事畢，俶❹裝前途，不遑安住。若實主人，自無攸往。如是思惟，不住名客，住名主人。以不住者，名爲客義。又如新霽，淸暘升天，光入隙中，發明空中諸有塵相。塵質搖動，虛空寂然。如是思惟，澄寂名空，搖動名塵。以搖動者，名爲塵義。」佛言：「如是。」

即時，如來於大衆中屈五輪指，屈已復開，開已又屈。謂阿難言：「汝今何見？」阿難言：「我見如來百寶輪掌，衆中開合。」佛告阿難：「汝見我手衆中開合，爲是我手有開有合，爲復汝見有開有合？」阿難言：「世尊，寶手衆中開合，我見如來手自開合，非我見性有開有合。」佛言：「誰動誰靜？」阿難言：「佛手不住，而我見性尙無有靜，誰爲無住。」佛言：「如是。」

如來於是從輪掌中飛一寶光在阿難右，即時阿難迴首右盼。又放一光在阿難左，阿難又則迴首左盼。佛告阿難：「汝頭今日何因搖動？」阿難言：「我見如來出妙寶光來我左右，故左右觀，頭自搖動。」「阿難，汝盼佛光左右動頭，爲汝頭動，爲復見動？」「世尊，我頭自動。而我見性尙無有止，誰爲搖動。」佛言：「如是。」

於是如來普告大衆：「若復衆生，以搖動者名之爲塵，以不住者名之爲客。汝觀阿難，頭自動搖，見無所動。又汝觀我，手自開合，見無舒卷，云何汝今以動爲身，以動爲境？從始洎終，念念生滅。遺失眞性，顚倒行事。性心失眞，認物爲己，輪迴是中，自取流轉。」

注釋

❶**阿若多五比丘**：阿若多，全稱曰阿若多憍陳那；五比丘，指包括阿若多憍陳那在內的，釋迦牟尼佛成道後最初所度的五位弟子，其他四位的名字是，頞鞞、拔提、十力迦葉、摩利拘利。

❷**客塵**：是對煩惱的形容。心本淸淨，無有塵垢，因心迷而生煩惱。煩惱於心而爲客塵。

❸**長老**：比丘中的德高年長的。

❹**俶**：開始意。

2卷二

譯文

這時，阿難以及在坐的大衆在聽到佛的教誨之後，身心都感到十分安然。想到自有生以來不識眞常之本心，而錯誤地把妄識所顯現的塵影當作實有。今日覺悟了，就好像哺乳期的嬰兒失去母乳後再次見到母親一樣。他們合掌禮敬佛陀，願聽如來宣講身心的眞妄虛實，闡明眼前所見生滅妄相和不生不滅的眞性的意義。當時，波斯匿王從座中站起，並對佛說：「我過去尙未承受諸佛教誨的時候，見過迦旃延和毘羅胝子，他們都說：人的身體死後就一切消滅了，稱作涅槃。我現在雖然身在佛的住所，聽佛說法，但仍然猶豫不決。如何才能證得此心是沒有生滅之體，現在在坐的大衆中，凡是沒有斷盡煩惱者都願意聽佛講說這方面的道理。」

佛告訴大王：「您之身現在在我的面前，我現在反過來問您：您現在的肉身是如同金剛那樣永遠不朽呢，還是最終要變壞的？」「世尊，我現在的肉身，最終是要滅亡的。」佛說：「大王，您還沒有死，您怎麼能知道您的身體要消滅？」「世尊，我這身軀不可能永存，且最終將要變壞之身雖然還沒有消滅，但我觀察到，我的思念是不斷地在變遷，前念滅後，後念又生，新的東西在變舊且永遠沒有止息的時候。就像燃薪成火，火復成灰，薪柴漸漸消失一樣。從這種永不止息的殞滅的現象中知道，我這肉身一定是要歸於消滅的。」

佛說：「是這樣的。大王，您現在的生身已到了衰老的年紀，容貌能否與少年之時相比？」「世尊，我在孩童之時，皮膚光滑潤澤；乃至成年，血氣方剛而容光煥發；而今已到了頹敗的年紀，迫在衰耄，臉色憔悴，精神昏昧，頭髮白了，臉上也佈滿了皺紋，將不久於人世，如何能與當年氣盛之時相比。」

佛說：「大王，您的容顏並不是一下子就衰老的吧？」王說：「世尊，這種變化十分微細，我自己是覺察不到的，我是在寒暑交替，歲月流逝中漸漸地走到了今天的這種地步。爲什麼這樣說呢？我二十歲時，雖說年輕，但容貌已比十歲時老多了；當我三十歲時，又比二十歲時衰老多了；現在，我已六十二歲了，如果再回顧五十歲時，我那時還宛然是一位強壯的人。世尊，我所見到的這種人生細微的變化，以至日漸走向老死，其間的遷移變化，往往要十年才能看得出來。但是，假若再讓我仔細思惟，這種變化豈止是以一紀二紀計算，實際上是一年一年地在變化；豈止是一年一年地變化，而是一月一月地在變化，再進一步看何只是一月一月地變，而是一天一天地遷流變化。我仔細地考慮觀察，這種變化是在剎那之中，是在念念之間，從無停息之時。由此知道，我的生身最終是要在這種變化中走向滅亡的。」

佛告訴大王：「您看到了變化的遷流不息，認識到您的生身是終究要在某一時刻死亡的。但是，您是否知道您的身中還有不滅的東西？」波斯匿王合掌對佛說：「世尊，我實在是不知道。」佛說：「我現在告訴您不生不滅之性。大王，您在多大歲數見到恆河之水的？」王說：「我三歲時，慈母帶著我去禮拜耆婆天神，經過這條河，那時就知道恆河。」

佛說：「大王，如您所說，二十歲時，比十歲時衰老，乃至六十歲，在一日一月一年的時間裡幾乎念念之間都在遷流變化。那麼，在您三歲時看到的這條河，到您十三歲時它成了什麼樣子？」王說：「與三歲時看到的一模一樣，就是到了現在，我已六十二歲了，河水還是那樣。」佛說：「您現在獨自傷感頭髮白了，臉上的皺紋多了，說明您的容貌一定比童年老多了。那麼，您現在所看到的恆河，與您在孩童之時所看到的恆河，有沒有少年和老年的區別呢？」王說：「沒有，世尊。」佛說：「大王，您的臉上雖已佈滿皺紋，但您精細的見性卻未曾變皺。皺者是變化，不皺者是沒有變化的。有變化的就要走向滅亡，而沒有變化的，本來就無生無滅，何言與您之身同樣有生有滅？更不能引用末迦黎一類外道們說的話，說什麼此身死後一切都消滅了。」

原典

爾時，阿難及諸大衆，聞佛示誨，身心泰然。念無始來，失卻本心，妄認緣塵分別影事。今日開悟，如失乳兒忽遇慈母。合掌禮佛，願聞如來顯出身心眞妄虛實，現前生滅與不生滅，二發明性。時，波斯匿王起立白佛：「我昔未承諸佛誨敕，見迦旃延❶、毗羅胝子❷，咸言：此身死後斷滅，名爲涅槃❸。我雖值佛，今猶狐疑。云何發揮，證知此心，不生滅地？今此大衆，諸有漏者，咸皆願聞。」

佛告大王：「汝身現在，今復問汝：汝此肉身，爲同金剛❹常住不朽，爲復變壞？」「世尊！我今此身終從變滅。」佛言：「大王，汝未曾滅，云何知滅？」「世尊，我此無常變壞之身，雖未曾滅，我觀現前，念念遷謝，新新不住，如火成灰，漸漸銷殞，殞亡不息。決知此身，當從滅盡。」

佛言：「如是大王。汝今生齡，已從衰老，顏貌何如童子之時？」「世尊，我昔孩孺，膚腠潤澤。年至長成，血氣充滿。而今頹齡，迫於衰耄，形色枯悴，精神昏昧，髮白面皺，逮將不久。如何見比充盛之時。」

佛言：「大王，汝之形容，應不頓朽。」王言：「世尊，變化密移，我誠不覺，寒暑遷流，漸至於此。何以故？我年二十，雖號年少，顏貌已老初十歲時。三十之年，又衰二十。於今六十，又過於二，觀五十時，宛然強壯。世尊，我見密移，雖此殂落，其間流移，且限十年。若復令我，微細思惟，其變寧唯一紀❺二紀，實爲年變。豈唯年變，亦兼月化。何直月化，兼又日遷。沈思諦觀❻，刹那刹那，念念之間，不得停住。故知我身，終從變滅。」

佛告大王：「汝見變化，遷改不停。悟知汝滅，亦於滅時，汝知身中有不滅耶？」波斯匿王合掌白佛：「我實不知。」佛言：「我今示汝不生滅性。大王，汝年歲時，見恆河水？」王言：「我生三歲，慈母攜我謁耆婆天❼，經過此流，爾時即知是恆河水。」

佛言：「大王，如汝所說，二十之時，衰於十歲，乃至六十。日月歲時，念念遷變，則汝三歲見此河時，至年十三，其水云何？」王言：「如三歲時，宛然無異，乃至於今，年六十二，亦無有異。」佛言：「汝今自傷，髮白面皺，其面必定皺於童年。則汝今時，觀此恆河，與昔童時觀河之見，有童耄不？」王言：「不也，世尊。」佛言：「大王，汝面雖皺，而此見精，性未曾皺。皺者爲變，不皺非變。變者受滅，彼不變者，元無生滅，云何於中受汝生死，而猶引彼末伽黎❽等，都言此身死後全滅。」

注釋

❶**迦旃延**：人名。有兩人，一爲佛的十大弟子之一，稱摩訶迦旃延子，以「議論第一」著稱。一爲古代印度與佛同時的外道大師名。此處指後者。

❷**毗羅胝子**：人名。與佛同時的外道大師名，主張苦行。

❸**涅槃**：梵文的音譯，意爲滅度。它是佛教修行的最高境界，即超脫世間一切煩惱的絕對清淨的境界，是對生死諸苦及其根源的徹底斷滅。

❹**金剛**：即金中之精，又可指金剛石，所謂「百煉不銷，至堅至利」。

❺**一紀**：十二年爲一紀。

❻**諦觀**：諦，眞實不虛之意，諦觀即眞觀。

❼**耆婆天**：長命之天，此天爲帝釋天的侍衛。古印度人奉祀此天是爲了長壽。

❽**末伽黎**：人名，末伽梨拘賒梨之略，亦爲古印度外道師之一，主張人死後一切都消滅了。

譯文

王聽到佛的這些話後，相信在此身死後，身體雖然寂滅了，但生命並沒有結束。捨去了現今的生命，又趣向新的生命。因爲聽到了從未聽到過的道理，所以與在坐大衆一起歡喜踴躍。就在這時，阿難從座位上站起來，合掌向佛行禮，並跪下向佛說：「世尊，如果這些所見所聞必定不生不滅，那麼爲什麼又說我們這些人遺失了眞常之妙性而行顚倒之事。願我佛大發慈悲，洗掉我們蒙在眞常妙性之上的塵垢。」

此時，如來垂下金色的手臂，以手下指，向阿難說：「你現在看我的手，是正還是倒？」阿難說：「按世間衆生的說法，以此爲倒。但我不知誰是正誰是倒。」佛對阿難說：「如果世間人以此爲倒，那麼，世間之人把什麼看作正呢？」阿難說：「如來把手臂豎起來，把您的大手指向天空，這就是正。」佛隨即把手臂豎起來並告訴阿難說：「如若是這樣的話，首尾調換，世間之人都會很容易看到的。以此爲例，類比你們的身和諸如來的清淨法身，則知如來之身名正而遍知一切，而你們的身則號稱性顚倒身。現在，任隨你們去觀察自己的身體或佛身，如果此身被稱作顚倒身，那麼顚倒之處在身中的什麼地方？」

這個時候，阿難及諸大衆個個目瞪口呆，目不轉睛地瞻視著佛面，不知身心顚倒之處到底在什麼地方。佛以慈悲之心，憐慰阿難及諸大衆，不失時機地發出如同海潮般的聲音，遍告在坐的所有聽衆：「諸位善男子們，我常說，世間一切有形的東西以及人的心識所產生的種種意識行爲，所有這一切世間的萬事萬物皆是心的變現。包括你們的身體和心體也是妙明眞心所顯現的虛幻之物。爲什麼說你們遺失了本妙眞心和寶明妙性，把本來不是顚倒的東西視爲顚倒的呢？迷失了本來妙明的心性而使心體晦暗，心體晦暗而外顯虛空之相，晦暗的心體與空相在暗中結合形成有形質的色體，色身與妄想相雜而成衆生之身。此身在內受外界的影響而思念不斷，在外則追逐塵境而無以止息。將此昏晦的相體認爲是眞實的心性，一經迷失了心性而固執不改，還自以爲心在色身之內，而不知色身以及身外的山河、虛空、大地都存在於妙明眞心之中。這就好比置淸澄的百千大海而不顧，而只認水上的一滴水泡，以爲這就是無窮無盡的大海。你們就是這種加倍迷妄之人，就如同把我下垂的手視作倒，再把上舉的手視爲正而一迷再迷是一樣的。這種人如來是稱之爲可憐者。

原典

王聞是言，信知身後捨生趣生，與諸大衆踴躍歡喜，得未曾有。阿難即從座起，禮佛合掌，長跪白佛：「世尊，若此見聞，必不生滅。云何世尊，名我等輩，遺失眞性，顚倒行事。願興慈悲，洗我塵垢。」

即時如來，垂金色臂，輪手下指，示阿難言：「汝今見我母陀羅手❶，爲正爲倒？」阿難言：「世間衆生以此爲倒，而我不知，誰正誰倒。」佛告阿難：「若世間人，以此爲倒，即世間人，將何爲正？」阿難言：「如來豎臂兜羅綿手，上指於空，則名爲正。」佛即豎臂告阿難言：「若此顚倒，首尾相換，諸世間人，一倍瞻視，則知汝身與諸如來淸淨法身，比類發明。如來之身，名正遍知。汝等之身，號性顚倒。隨汝諦觀，汝身佛身，稱顚倒者，名字何處，號爲顚倒。」

於時阿難與諸大衆，瞪瞢瞻佛，目睛不瞬，不知身心顚倒所在。佛興慈悲，哀愍阿難及諸大衆，發海潮音❷，遍告同會諸善男子：「我常說言，色心諸緣❸及心所❹使諸所緣法，唯心所現。汝身汝心，皆是妙明眞精妙心中所現物。云何汝等，遺失本妙圓妙明心，寶明妙性，認悟中迷。晦昧爲空，空晦暗中，結暗爲色。色雜妄想，想相爲身。聚緣內搖，趣外奔逸。昏擾擾相以爲心性。一迷爲心，決定惑爲色身之內。不知色身，外泊山河虛空大地，咸是妙明眞心中物。譬如澄淸百千大海，唯認一浮漚體，目爲全潮，窮盡瀛渤。如等即是迷中倍人，如我垂手，等無差別。如來說爲可憐愍者。」

注釋

❶**母陀羅手**：母陀羅譯曰印，或封，意爲用手結手印以表示吉祥。母陀羅手即吉祥手。

❷**海潮音**：意喻聲音很大，如同海潮。又喻佛所說法的時機如同海潮，不違其時。

❸**色心諸緣**：色，指有形質的萬物；心指無形質而有知覺的心識。它們都是因緣和合而生，故稱色心諸緣。

❹**心所**：心所有法之略。佛教把世界的萬事萬物（諸法）分為五大類稱五位，即色法，有形質之法；心法，能知覺事物之法；心所法，隨附於心法為心法所有之法；不相應法，不隨附於心法者；無為法，不生不滅的常住之法。小乘五位又分成七十五法（小類），大乘法相宗則分成一百法。

譯文

阿難承受佛的慈悲救度和深切教誨之後，合掌哭泣著對佛說：「我雖然承聽到佛如是的妙音，領悟到妙明之心元本就包容著世間的萬事萬物而常住不滅。但是，我所以能領悟到佛現在所說的道理，是在佛的允許下，用我能分別外境的心識，直接從佛的演講中才獲得的。我不敢認為這就是妙明元本心地。願佛憐愍我們，宣示圓妙之音，拔掉我們常自疑惑的根性而歸於無上之道。」

佛告訴阿難：「你們都還是從我的語言聲音中聽我講法，那麼，你們所聽到的還是我的音聲，並沒有得到法性。就好像用手指月亮給一個人看，那個人應該根據手指的方向去看月亮。如果只是以觀看指頭就以為是月亮之體，此人豈止是丟掉了月亮，也丟掉了他的指頭。為什麼呢？因為他是把指月亮的指頭當作明月，這樣，他豈止丟掉了指頭，也是不認識明和暗的區別。為什麼？因為他是把指頭看作月亮的明性，從而使明和暗兩種性質混淆不清。你也是這樣。如果你以聽佛說法而產生的分別之心為自心，此心自然應該是能夠離開所分別的聲音，而有其分別之自性。

「譬如有客人寄宿旅亭，住幾天就會離去，最終是不會常住的。而掌管旅亭的人則沒有別的去處，故名亭主。眞常之心也是這樣。如果此心是你的眞常之心，它是沒有別的去處的，怎麼能說離開佛的音聲就沒有分別之自性呢？這種隨著聲音的分別之心就如同分別我的容貌一樣，離開諸種色相就不會有分別之心性。如是類推，乃至離開香味觸等法，一切分別也就不存在了。這樣，一切都無所見，一切都又不是空，像拘舍離等外道人那樣，不能通達眞諦，離開對塵境萬物的認識，就不存在心的分別之性，這種分別之心性是隨著塵境而生，塵境消失了，分別之性也就消失了，因此它就不是常住的主人。」阿難說：「如果說，我的心性各有所歸，那麼如來所指示的妙明眞心爲什麼沒有歸宿？惟請如來憐愍，爲我們宣說這方面的道理。」

佛回答阿難說：「當你看我的時候，能看到我的，是你的能見之心。此見心雖然不是妙明眞心，如以手揑目所看到的虛妄的第二月，並非水中的月影。你現在認眞地聽我講，我當爲你講說眞心元本無去無來的道理。阿難，這座大講堂，向東方敞開著大門，當東方日出之時，講堂閃耀著光亮。時至夜半，雲霧遮住了月光，講堂又變得一片昏暗；從窗戶的縫隙中看到的是通達，從牆壁之間則看到的是阻塞；從眼前塵境中看到的是種種千差萬別的物相，而在絕對的虛空中則是一無所有；鬱結之像看來是混濁一團，而雨過天晴之後又可看到清淨。阿難，你們看到的此種種變化之相，我現在各還其本來所形成的原因。什麼是本來的成因？

「阿難，此種種變化，明來自太陽的光輪。爲什麼？沒有太陽就沒有光明，光明是屬於太陽的，是故明是來自太陽。暗來自被雲霧遮黑的月亮。通達來自門窗，阻塞來自牆宇，千差萬別的物相來自分別，一無所有來自絕對的虛空，鬱結之像來自混濁，清明來自雨後的晴天。世間的一切現象都出自這八種現象。你們能看到此八種現象精明的見性來自哪裡呢？爲什麼這樣問呢？如果來自於明，則沒有明亮之時就無法見到暗。雖然明暗等有種種差別，但見性是沒有差別的。以上諸種現象皆有其產生的原因，這些原因自然不是你的見性，然而如果不是來自你的見性又來自哪裡呢？由此知道，你的心本來妙明清淨，是你自己迷而不知，遺棄本明而陷於輪迴，在生死塵境中漂溺。正因爲這個原因，如來稱你們是可憐愍者。」

原典

阿難承佛悲救深誨，垂泣叉手而白佛言：「我雖承佛如是妙音，悟妙明心，元所圓滿常住心地❶。而我悟佛現說法音❷，現以緣心，允所瞻仰。徒獲此心，未敢認爲本元心地。願佛哀愍，宣示圓音❸，拔我疑根，歸無上道❹。」

佛告阿難：「汝等尙以緣心聽法，此法亦緣，非得法性❺。如人以手指月示人，彼人因指當應看月，若復觀指以爲月體，此人豈唯亡失月輪，亦亡其指。何以故？以所標指爲明月故。豈唯亡指，亦復不識明之與暗。何以故？即以指體爲月明性，明暗二性無所了故。汝亦如是。若以分別❻我說法音爲汝心者，此心自應離分別音，有分別性。

「譬如有客寄宿旅亭，暫止便去，終不常住。而掌亭人都無所去，名爲亭主。此亦如是。若眞汝心，則無所去。云何離聲無分別性？斯則豈唯聲分別心。分別我容，離諸色相，無分別性。如是乃至分別都無，非色非空。拘舍離❼等昧爲冥諦❽，離諸法緣無分別性。則汝心性，各有所還，云何爲主？」阿難言：「若我心性各有所還，則如來說妙明元心，云何無還？惟垂哀愍，爲我宣說。」

佛告阿難：「且如見我見精明元，此見雖非妙精明心，如第二月，非是月影。汝應諦聽，今當示汝無所還地。阿難，此大講堂，洞開東方。日輪升天，則有明耀。中夜黑月，雲霧晦暝，則復昏暗。戶牖之隙，則復見通。牆宇之間，則復觀壅。分別之處，則復見緣。頑虛❾之中，遍是空性。鬱垺之象，則紆昏塵。澄霽斂氛，又觀清淨。阿難，汝咸看此諸變化相，吾今各還，本所因處。云何本因？

「阿難，此諸變化，明還日輪。何以故？無日不明，明因屬日，是故還日。暗還黑月，通還戶牖，壅還牆宇，緣還分別，頑虛還空，鬱垺還塵，清明還霽。則諸世間一切所有，不出斯類。汝見八種見精明性，當欲誰還，何以故？若還於明，則不明時，無復見暗。雖明暗等種種差別，見無差別。諸可還者，自然非汝。不汝還者，非汝而誰。則知汝心本妙明淨，汝自迷悶，喪本受輪，於生死中，常被漂溺。是故如來，名可憐愍。」

注釋

❶**心地**：佛教認爲心爲萬法之本，能生一切諸法，故名心地。

❷**法音**：佛說法的聲音。

❸**圓音**：亦指佛說法的聲音，其音圓妙。

❹**無上道**：如來所成之道，指最高的道果，與菩提同意，所謂「菩提云道，無上正遍知果道也」（隋吉藏語）。

❺**法性**：法即萬事萬物，法性即萬法之本體。萬法處在生滅變化之中，而法性不變。

❻**分別**：佛教的重要概念，是心和心所的基本作用，故有「言分別者，有漏三界心，心所法以妄分別爲自體故」（唐窺基《成唯識論述記》）。分別，即心對客觀事物及其規律性的識別。分自性分別，計度分別，隨念分別三種。分別是產生煩惱的根本原因，斷除分別即可成就涅槃，所謂「法歸分別，聖歸涅槃」。

❼**拘舍離**：人名，古印度外道師名。譯曰牛舍，其母因生於牛舍之中故名。

❽**冥諦**：印度外道數論師的主張之一，認爲萬物的本源在最初是不可知的，渺茫難見，故名冥諦；千變萬化的事物皆由此生，故又云自性、勝性。

❾**頑虛**：一切都不存在的絕對的空虛。

譯文

阿難說：「我雖然認識到見性不是由其他原因產生的，是我自身所具有的，但如何得知它就是我心的眞性？」佛告訴阿難說：「我現在問你，你現在剛剛證得初果，還沒證得不汚染無煩惱的境界，所以只能仰仗佛的神力，見初禪而得自在無礙；而阿那律看閻浮提就好像看手中的菴摩羅果；諸菩薩們能看百千世界；十方如來則能窮盡微塵清淨國土而無所不在他的視線之下；而衆生所能看到的範圍不過在方寸之間。

「阿難，我們一起觀看四天王所住宮殿，遍觀其間水裡、陸上及空中的一切。它們雖有昏暗明亮等種種形象，無非都是塵境中可分別的物體，你應當從中區別誰是自己的見性和誰是物體。我現在叫你於所見之中進行揀擇，誰是見體？誰是物象？阿難，窮盡你的見性，從日月宮看起，那是物象而非見性。至近，遍觀七金山，雖放射出種種光芒，但依然是物象而非你的見性；再靠近看，可以看到雲騰鳥飛，風吹塵起、樹木山川、草芥人畜，這一切也都是物象而非你的見體。阿難，如是等等或遠或近的所有的一切，其物性雖千差萬別，但同是你的清淨之精見所矚目的範圍。由此可知諸種物類自有差別而見性則沒有不同。這種妙明眞見就是你的見性。

「如果見性是物，則你就可以看見我的見。如果你和我同見一物時，我的見既然已經見到彼物，你見到彼物也就是見到了我的見；如果我不見彼物，則爲不見，此不見之體你應見到，爲何見不到呢？如果你能夠見到我的不見之體，此不見之體就自然不是不見之相；如果見不到我的不見之體，我之見自然就不是物了，你的見也就不是物。既然不是物，當然就是你的見性。再說，見性是物，當你看見彼物之時，你既然看見了彼物，彼物也就看見了你。人和物，體性紛然混雜，你和我，以及整個世間因相混淆，而難以成立了。阿難，如果你見我時，只是你看見我，不是我看見你，彼此分辨十分清楚。你的見性遍觀一切，不是你的又是誰的呢！你爲什麼要懷疑自己的見性是眞，而要從我的話中去求其眞實呢？」

原典

阿難言：「我雖識此見性無還。云何得知是我眞性？」佛告阿難：「吾今問汝，今汝未得無漏清淨，承佛神力，見於初禪❶，得無障礙。而阿那律❷，見閻浮提❸，如觀掌中菴摩羅果❹。諸菩薩等，見百千界。十方如來，窮盡微塵清淨國土，無所不矚。衆生洞視，不過分寸。

「阿難，且吾與汝觀四天王所住宮殿❺，中間遍覽水陸空行，雖有昏明種種形像，無非前塵分別留礙。汝應於此分別自他。今吾將汝擇於見中，誰是我體？誰爲物相？阿難，極汝見源，從日月宮，是物非汝。至七金山❻，周遍諦觀，雖種種光，亦物非汝。漸漸更觀，雲騰鳥飛、風動塵起、樹木山川、草芥人畜，咸物非汝。阿難，是諸近遠諸有物性，雖復差殊，同汝見精清淨所矚，則諸物類自有差別。見性無殊，此精妙明，誠汝見性。

「若見是物，則汝亦可見吾之見。若同見者，名爲見吾。吾不見時，何不見吾不見之處？若見不見，自然非彼不見之相。若不見吾不見之地，自然非物，云何非汝？

又則汝今見物之時，汝既見物，物亦見汝，體性紛雜。則汝與我，並諸世間，不成安立。阿難，若汝見時，是汝非我。見性周遍，非汝而誰。云何自疑汝之眞性，性汝不眞，取我求實。」

注釋

❶**初禪**：小乘四禪之一。四禪又稱四靜慮，是色界的四種禪定。初禪即修行者初離欲界，通過思維觀想而得到的一種感受，又稱觀受。

❷**阿那律**：人名，佛的十大弟子之一，以「天眼第一」著稱。

❸**閻浮提**：閻浮，樹名；提譯曰洲。閻浮提即南贍部洲，此洲的中心有閻浮提樹林。

❹**菴摩羅果**：又譯曰河摩洛迦，意譯曰天果。《大唐西域記》云：「阿摩洛迦，印度藥果之名也。」

❺**四天王所住宮殿**：據佛經載四天王宮在須彌山上。須彌山是古印度神話中的名山，它是人類世界的中心，周圍有八山八海。山頂是帝釋天所居，四大天王居於須彌山的四埵，分管四大部洲。四天王，指欲界六天中的四天王天之王，又稱「護世四天王」，

分別爲東方持國天王，西方廣目天王，南方增長天王，北方多聞天王。

❻**七金山**：即圍繞在須彌山周圍的七重金山。

譯文

阿難對佛說：「世尊，如果這種遍觀一切的見性，一定是我的見性，我和如來觀看四天王勝藏寶殿，居住在日月宮中，此見能夠遍及四周娑婆國土，但回到精舍就只看到伽藍；當靜居於堂室之中，看見的只是房簷廊廡。世尊，如是之見其見體本來可以周遍娑婆世界，現在在堂室之中，卻只能看見室中之物，是不是這一見性因堂室牆宇的阻隔而縮小了。我現在不知道這到底是什麼原因，願佛發大慈悲，爲我演說是中道理。」

佛告訴阿難：「一切世間不管是大是小，是內是外的各種事物都是見外虛假的塵境，不能因此說見性有舒有縮。比如，一個方型的容器，從中可以看見一個方型的虛空。我再問你，這個方型的器具中所見到的方型的虛空是一個固定的形狀？還是一個不固定的形狀？如果是一個固定的方型，再另外換一個圓型的器具，則此空間應該不是圓的。如果不是一個固定的形狀，在方型的器具中應該沒有一個方型的虛空。你說你不知道見性的眞義所在，實際上見性就如同虛空，它無處不在，何言所在呢？阿難，如果要想理解見性無方圓，只要把方器取掉，空體是沒有方圓的，更不應該再說除去有方圓的虛空。

「如果就像你所問的那樣，當回到堂室之時是把見性縮小了，那麼，當仰觀太陽之時，豈不是還要把見性拉長到太陽的跟前？如果築一道牆能夠隔斷見性，那麼在牆上穿一小孔，見性本已被斷，難道還有在斷處續接之見。既然有續接之見，就有續接的痕跡，所以根本沒有這樣的道理。

「一切衆生從無始以來就把自己的見性誤認爲是物，從而迷失了眞性。眞性既迷，故心法就隨著塵境所轉，而產生觀大觀小。如果能理解塵境萬物不過是因緣合和所生的虛妄之相，是眞常之心性的變現，這樣你就同如來一樣了。萬物皆在身心之中，身心中包含著萬物，是不動的道場，在它的一毛孔中就包容著十方國土。」

原典

阿難白佛言：「世尊，若此見性必我非餘。我與如來觀四天王勝藏寶殿，居日月宮。此見周圓徧娑婆❶國。退歸精舍，祇見伽藍❷。淸心戶堂，但瞻簷廡。世尊，此見如是，其體本來周遍一界，今在室中，唯滿一室。爲復此見縮大爲小，爲當牆宇夾令斷絕。我今不知斯義所在，願垂弘慈，爲我敷演。」

佛告阿難：「一切世間大小內外諸所事業，各屬前塵，不應說言見有舒縮。譬如方器，中見方空。吾復問汝，此方器中所見方空，爲復定方，爲不定方？若定方者，別安圓器，空應不圓。若不定者，在方器中，應無方空。汝言不知斯義所在，義性如是，云何爲在？阿難，若復欲令入無方圓，但除器方，空體無方，不應說言更除虛空方相所在。

「若如汝問，入室之時，縮見令小。仰觀日時，汝豈挽見齊於日面。若築牆宇，能夾見斷，穿爲小竇寧無續跡。是義不然。

「一切衆生從無始來迷己爲物。失於本心，爲物所轉，故於是中，觀大觀小。若能轉物，則同如來。身心圓明，不動道場❸，於一毛端，遍能含受十方國土。」

注釋

❶**娑婆**：梵文音譯曰「堪忍」，又稱「忍土」，指釋迦牟尼佛所教化的人間世界。

❷**伽藍**：梵語僧伽藍摩的略稱，意譯曰衆園，佛教寺院的通稱。

❸**道場**：佛教名詞，梵文譯音爲菩提曼拏羅，指釋迦牟尼佛最初成道之處，在中印度摩揭陀國尼連河側。後來一般把供奉佛的地方稱道場。

譯文

阿難對佛說：「世尊，如果這種精到的見，就是我的眞常的見性，現在此妙性就離開我的身心而在我的眼前，並且是眞正的我，那麼，我現在被大家看到的身心又是何物呢？我現在的身心能實在的分辨事物，而此見性則別無識性分辨我的身心。它若實是我的心，可以令我看看。如果見性確實是我，那麼我之身就不是我。這與如來先前所駁斥的物能見我的觀點有何區別呢？唯願如來發大慈悲，啓發我尚未覺悟的心。」

佛告訴阿難：「你今天說什麼見性就在你眼前，這種理解並不符合實際。如果見性實在的在你眼前，你實在的能看到它，那麼，這種精見既然已有方位就是具體可以指示的。比如我現在與你坐在祇陀林，遍觀林渠、矚及殿堂，向上看到日月，前面對著恆河。你現在和我在師子座前，用手指說這種種物相，陰暗的是樹林，明亮的是太陽，阻擋視線的是牆壁，暢通無阻的是虛空。像這樣的指說下去，草、樹及其他細微的東西，大小雖然不同，但只要有形體是沒有不能指陳的。如果其見性就在你的眼前，你應該能夠確實的用手指出來，哪個是見性？阿難應該知道，如果空是見，既然已經成爲見，那什麼又是空呢？如果物是見，既然物已成見，那什麼又是物呢？你可以細微地剖析一下萬事萬物，從中分析出那種是精明妙淨的見性，指陳我看，它是不是同彼萬物分明而無迷亂。」

阿難說：「現在我在這個重閣講堂之中，遠望是恆河，上看是日月，舉手所指的，放眼觀望的皆是物，沒有分辨出那是見性。世尊，如佛所說，如同我這樣的被煩惱所糾纏的初學及小乘學了乃至菩薩亦不能於萬物之中分出其見，認識到離一切物而別有見性。」佛說：「是的，是的。」

原典

阿難白佛言：「世尊，若此見精必我妙性。今此妙性現在我前，見必我眞，我今身心復是何物？而我身心分別有實，彼見無別分辨我身。若實我心，令我今見。見性實我，而身非我。何殊如來先所難言，物能見我？唯垂大慈，開發未悟。」

佛告阿難：「今汝所言，見在汝前，是義非實。若實汝前，汝實見者，則此見精旣有方所，非無指示。且今與汝坐祇陀林，遍觀林渠及與殿堂，上至日月，前對恆河。汝今於我師子座前，舉手指陳是種種相，陰者是林，明者是日，礙者是壁，通者是空，如是乃至草樹纖毫，大小雖殊，但可有形，無不指著。若必其見，現在汝前。汝應以手，確實指陳，何者是見？阿難當知，若空是見，旣已成見，何者是空？若物是見，旣已是見，何者爲物？汝可微細披剝萬象，析出精明淨妙見元，指陳示我。同彼諸物，分明無惑。」

阿難言：「我今於此重閣講堂，遠洎恆河，上觀日月，舉手所指，縱目所觀，指皆是物，無是見者。世尊，如佛所說，況我有漏初學聲聞，乃至菩薩亦不能於萬物像前，剖出精見，離一切物，別有自性。」佛言：「如是，如是。」

譯文

佛進而告訴阿難說：「就如同你所說，沒有見能離開一切物而別有見性，那麼你所指示的這些物體之中也就沒有這種見。我再告訴你，你與如來坐在祇陀林觀看林苑乃至日月種種不同的現象，其中必無見這種東西被你所指。你再說說看，這些物體中哪一種是不可見之物？」阿難說：「我實實在在地看到了祇陀林中的一切，不知其中何者是不可見之物。爲什麼呢？如果樹不是見樹與見不相關，則什麼是見樹呢？如果樹即是見，樹又是什麼？如是類推，如果空不是見，什麼是見空？如果空即是見，空又是什麼？因此我又想，世間一切現象中，那怕是極其細微的東西都是見精。」佛說：「是的，是的。」

原典

佛復告阿難：「如汝所言，無有見精，離一切物別有自性，則汝所指是物之中無是見者。今復告汝，汝與如來坐祇陀林，更觀林苑，乃至日月種種象殊，必無見精受汝所指。汝又發明此諸物中，何者非見？」阿難言：「我實遍見此祇陀林，不知是中何者非見。何以故？若樹非見，云何見樹？若樹即見，復云何樹？如是乃至，若空非見，云何見空？若空即見，復云何空？我又思惟，是萬象中微細發明，無非見者。」

佛言：「如是，如是。」

譯文

於是大衆之中那些小乘學子，在聽到佛的這番言論後十分茫然，不理解佛所說的道理，一時間心神惶惚，不知如何是好。如來知道他們這時的思慮處在惶恐之中，心中憐愍，於是安慰阿難及諸大衆說：「善男子，最高的佛教眞理是用最眞實的語言表達的，就如同你所說，其中沒有欺誑，沒有虛僞，不是末伽梨那種模稜兩可的四種矯亂議論。你認眞的思惟一下，不要增添哀怨和羨慕的情緒。」

這時，文殊師利法王子，懷著對四衆弟子的憐愍之心，從大衆中的座位上站起來，頂禮佛足，合掌向佛禮拜之後，對佛說：「世尊，此諸大衆還沒有悟知如來所闡發的見色和見空是是還是非是這兩種意義。世尊，如果出現在我們眼前的這種種色空現象是見所見者，應該能夠一一指出；如果不是見所見者，應該是看不見的。而現在不知道那種理解是正確的，故產生驚怖，並不是缺少善根之人對佛說的輕慢懷疑。惟願如來，發大慈悲心，指出此諸種物象與見之體元本是何種東西，爲什麼在其中間沒有是和非是之說？」

佛告訴文殊及諸人衆：「十方如來及大菩薩，於其常在的三摩地中，見、所見及想像的一切現象世界，都如同虛幻的空花，本來是空無所有的，是本覺的妙淨明體，根本談不上它們之中誰是是，誰是非是。文殊，我現在問你，就以你文殊爲例，我在你之外再立一文殊，他是文殊，或不是文殊？」文殊答言：「是這樣的，世尊，我是眞文殊，再沒有我這樣的文殊，爲什麼？若再有一個文殊則有二個文殊。然而，我今日並不是無文殊，這裡實在是沒有是和非是兩種情況。」

佛說：「此見妙明，而如同空花一樣的塵境也是這樣。元本是無上本覺眞心，因迷妄而成色空之境及聽聞見知。比如第二月，誰是月，誰又是非月？文殊，月亮只有一個，其間自然沒有是月和非月之說。因此，你現在觀察到的見以及塵境的種種現象都叫做妄想，這其中不能再有是和非是的論調了。只要覺知此精眞妙覺明性，就能息滅妄想，認識到一切可指的東西都不過是空花而矣。」

原典

於是，大衆非無學者，聞佛此言，茫然不知是義終始。一時惶悚、失其所守。如來知其魂慮變慴，心生憐愍。安慰阿難及諸大衆：「諸善男子，無上法王是眞實語。如所如說，不誑不妄，非末伽黎四種不死矯亂論議❶。汝諦思惟，無忝哀慕。」

是時，文殊師利法王子，愍諸四衆。在大衆中，旣從座起，頂禮佛足，合掌恭敬而白佛言：「世尊，此諸大衆，不悟如來發明二種精見色空是非是義。世尊，若此前緣色空等象，若是見者應有所指；若非見者，應有所矚。而今不知是義所歸，故有驚怖，非是疇昔善根輕尠。惟願如來大慈發明，此諸物象，與此見精，元是何物，於其中間無是非是？」

佛告文殊及諸大衆：「十方如來及大菩薩，於其自住三摩地中，見與見緣，並所想相，如虛空華，本無所有。此見及緣，元是菩提妙淨明體，云何於中有是非是。文殊，吾今問汝。如汝文殊，更有文殊，是文殊者，爲無文殊？」「如是，世尊，我眞文殊，無是文殊。何以故，若有是者，則二文殊。然我今日非無文殊，於中實無是非二相。」

佛言：「此見妙明，與諸空塵，亦復如是。本是妙明無上菩提淨圓眞心，妄爲色空及與聞見，如第二月，誰爲是月，又誰非月？文殊，但一月眞，中間自無是月非月。是以汝今觀見與塵，種種發明，名爲妄想，不能於中出是非是。由是眞精妙覺明性，故能令汝出指非指。」

注釋

❶**四種不死矯亂論議**：指亦變亦恆，亦生亦滅，亦有亦無，亦增亦減的莫衷一是的議論。

譯文

阿難對佛說：「世尊，就如同您所說，覺性所緣行相周遍十方世界，將永世長存，其性無生無滅。這與古代梵志娑毗迦羅所談論的冥諦，及投灰等諸外道所主張的有眞我遍滿十方界有何區別？世尊亦曾在楞伽山爲大慧等演說此義：那些外道之人常說自然，而我說因緣，與他們不是同一境界。我今觀察此覺性自然，非生非滅，遠離一切虛妄顚倒，似乎不是因緣，也不是外道所說的自然。什麼是開導我們不入諸邪道而能獲得眞實心的妙覺明性？」

佛對阿難說：「我今天用最方便的眞實語言開導於你，你還是沒有覺悟，仍然把見性迷作自然。阿難，如果見性定是自然，必然有其自體，須要甄別。你現在觀察一下此妙明之見以什麼爲自體？進一步說，此見是以明爲自體，還是以暗爲自體；是以空爲自體，還是以塞爲自體；阿難，如果是以明爲自體，應該看不到暗；如果是以空爲自體，應該看不到塞。如是類推，把各種黑暗之相以爲是見性，則當明時，見性斷滅，又什麼是見明呢？」

阿難對佛說：「由此看來，此妙見之性並非自然。既然不是自然，我認爲是因緣所生。但心中對此尚不明白，請教於如來，爲什麼符合因緣之性？」

佛說：「你說因緣，我再問你：你現在因爲有見，此見性方才顯示出來。此見性是因爲有明才有見，還是因爲有暗才有見？是因爲有空才有見，還是因爲有塞才有見？

阿難，如果有明才有見，應該看不見暗；如果有暗才有見，應該看不見明。如此類推，因空因塞同於因明因暗。

「其次，阿難，此見性是以明爲條件產生見，還是以暗爲條件產生見；是以空爲條件產生見，還是以塞爲條件產生見？阿難，如果以空爲條件產生見，應看不見塞；如果以塞爲條件而產生見，應看不見空。如此類推，以明、以暗爲條件同於以空，以塞爲條件。由此知道如是精覺妙明之見並不是因緣所生，也不是自然所生。它既不是自然；也不是非自然；它不存在非和不非的界限，也沒有是和不是的區別。總之，離開一切物相，即是圓成妙覺明性。你今日爲什麼在這妙覺明性中，對諸世間的那些戲論名相去費心分別呢？就好像以手去抓摩虛空，這只能是徒勞而無益之舉，虛空怎麼能任人隨意執捉呢？」

原典

阿難白佛言：「世尊，誠如法王所說覺緣遍十方界，湛然常住，性非生滅，與先梵志❶娑毗迦羅❷所談冥諦，及投灰❸等諸外道種，說有眞我，遍滿十方，有何差別？

世尊亦曾於楞伽山❹，爲大慧❺等敷演斯義：彼外道等常說自然❻，我說因緣❼，非彼境界。我今觀此覺性自然，非生非滅，遠離一切虛妄顚倒，似非因緣，與彼自然。云何開示，不入群邪，獲眞實心妙覺明性？」

佛告阿難：「我今如是開示方便，眞實告汝，汝猶未悟，惑爲自然。阿難，若必自然，自須甄明有自然體。汝且觀此妙明見中，以何爲自？此見爲復以明爲自，以暗爲自，以空爲自，以塞爲自。阿難，若明爲自，應不見暗。若復以空爲自體者，應不見塞。如是乃至諸暗等相以爲自者，則於明時見性斷滅，云何見明？」

阿難言：「必此妙見性非自然，我今發明是因緣生。心猶未明，諮詢如來，是義云何合因緣性？」

佛言：「汝言因緣，吾復問汝：汝今因見，見性現前。此見爲復因明有見，因暗有見，因空有見，因塞有見？阿難，若因明有，應不見暗。如因暗有，應不見明。如是乃至因空因塞，同於明暗。

「復次，阿難，此見又復緣明有見，緣空有見，緣塞有見。阿難，若緣空有，應不見塞。若緣塞有，應不見空。如是乃至緣明緣暗，同於空塞。當知如是精覺妙明，非因非緣，亦非自然，非不自然。無非不非，無是非是。離一切相，即一切法。汝今云何於中措心，以諸世間戲論❽名相❾而得分別。如以手掌撮摩虛空。祇益自勞，虛空云何隨汝執捉？」

注釋

❶**梵志**：指婆羅門。

❷**娑毗迦羅**：人名，六家外道中的數論師。

❸**投灰**：指古印度的苦行外道。此道裸形披髮，腰纏棘刺，用五熱燒身，或者塗灰於身。

❹**楞伽山**：山名。據說在師了國境，即今天的斯里蘭卡。楞伽，意爲難往，又說是一種寶物的名稱，即此山因有楞伽寶而得名。

❺**大慧**：菩薩名。梵文原名爲摩訶摩底，爲楞伽會上的首座，因爲問答抉擇沒有窮盡，故名大慧。

❻**自然**：有兩種意義，一者離人爲造作之法的自性自然；一者言無因而自然生成之物。後者爲外道所說自然，被認爲是邪執。

❼**因緣**：佛教的重要概念。佛教認爲世間一切事物都是因緣和合而生。所謂因，指事物產生到壞滅的主導條件，緣則是起間接輔助作用的條件。

❽**戲論**：佛教稱與佛教道理相違背的言論爲戲論。分爲兩種，一叫愛論，即由愛欲之心引起的言論；一叫見論，即由固執的見解引發的言論。

❾**名相**：名，即想像的概念；相，即相狀。名相即事物的名稱。佛教認爲，名相並不能表達事物的眞實性。

譯文

阿難對佛說：「世尊，妙覺之性必定是非因緣所生，但世尊爲什麼常與比丘宣說見性所必須具備的四種條件，即所謂因空、因明、因心、因眼，其意義在哪裡？」佛說：「阿難，我過去所說的是世間因緣所生的諸種事相，並不是現在所說的第一究竟了義。阿難，我再問你：世間之人所說我能見，什麼是見，什麼是不見？」阿難說：「世人借著日光、月光、燈光看見各種各樣現象，這就叫做見。如果沒有了這三種光明就什麼也看不見。」

「阿難，如果把沒有光明時叫做不見，應是不見暗。如果暗一定是可見的，但又沒有明亮，那麼什麼又是不見呢？阿難，如果在黑暗的時候，看不見光明，名爲不見。現在在明亮之時，看不見黑暗也叫做不見。這兩種情況都叫做不見。如果明暗兩種現象交互出現，並不是你的見性在此時暫時消失。由此知道見明見暗都名爲見，爲什麼說不見？

「阿難，由此你應該知道：見明的時候，見並不是明；見暗的時候，見並不是暗；見空的時候，見並不是空；見塞的時候，見並不是塞。總之，此四境並不是見所成就。你還應該知道，見性在見之時，所見者並不是見。既然見尙且脫離見體，不能見及自身，還說什麼屬於因緣、自然及爲和合相。你們這些人只有聲聞覺性，認識狹隘而不能通達清淨實相。我現在開導你們，要善於思考，一定不能在通往妙菩提這個最高覺性的道路上鬆懈怠慢。」

阿難對佛說：「世尊，如同佛世尊爲我們宣說的，見不是因緣，也非自然。但心中尙疑此見爲和合相和不和合相，不能悟解。而今又聽你說所見也並非見，就更加增添了我的迷惑。深願你發大慈悲，給我們以洞徹一切的智慧，使我們的覺心明淨。」

說完這些話後，阿難悲痛地流下了眼淚，並頂禮佛陀，等待著接受佛的旨意。

原典

阿難白佛言：「世尊，必妙覺性非因、非緣。世尊，云何常與比丘宣說見性具四種緣。所謂因空、因明、因心、因眼，是義云何？」佛言：「阿難，我說世間諸因緣相，非第一義❶。阿難，吾復問汝：諸世間人，說我能見。云何名見，云何不見？」阿難言：「世人因於日月燈光，見種種相，名之爲見。若復無此三種光明，則不能見。」

「阿難，若無明時名不見者，應不見暗。若必見暗，此但無明，云何無見？阿難，若在暗時，不見明故，名爲不見；今在明時，不見暗相，還名不見。如是二相，俱名不見。若復二相自相陵奪，非汝見性於中暫無。如是則知二俱名見，云何不見？

「是故阿難，汝今當知，見明之時，見非是明。見暗之時，見非是暗。見空之時，見非是空。見塞之時，見非是塞。四義成就。汝復應知，見見之時，見非是見。見猶離見，見不能及，云何復說因緣、自然，及和合相。汝等聲聞，狹劣無識，不能通達清淨實相❷。吾今誨汝，當善思惟，無得疲怠妙菩提路❸。」

阿難白佛言：「世尊，如佛世尊爲我等輩宣說因緣及與自然，諸和合相與不和合，心猶未開。而今更聞見見非見，重增迷悶。伏願弘慈，施大慧目❹，開示我等覺心明淨。」作是語已，悲淚頂禮，承受聖旨。

注釋

❶**第一義**：佛教把最重要、最關鍵、最深奧的道理稱爲第一義，所謂「理極莫過，名爲第一；深有所以，目此爲義」。

❷**清淨實相**：離一切惡行煩惱名爲清淨。清淨實相，是說諸法的本體是遠離汚染的清淨明覺之體。

❸**妙菩提路**：即覺行圓滿不可思議的通往菩提的妙覺之路。

❹**慧目**：智慧的眼目。

譯文

此時，世尊憐愍阿難及諸大衆，決定爲他們闡述大陀羅尼和各種三摩提等無上絕妙的修行之路。他告訴阿難說：「你雖然有很強的記憶力，但因爲只重於聽聞，而在靜心入定進行微密觀察方面還沒有明了透徹。現在你認眞的聽著，我更爲你一一解說，同時讓那些有著煩惱之苦的人們在未來獲得菩提道果。

「阿難，一切衆生在人世間生死輪迴，都是由於衆生的兩種顚倒的虛妄之見。這兩種顚倒之見對處在人世間的衆生一定會產生的。這種妄見產生的業果必然招致輪迴。什麼是兩種妄見呢？一者是衆生的別業妄見，一是衆生的同分妄見。

「什麼是別業妄見？阿難，就如同世間之人眼睛裡生了赤眚，在夜間看燈光時別有一圓影，五色重疊。這是什麼意思呢？此夜間燈光所現出來的圓影，它是燈光所現，還是眚人所見？阿難，它如果是燈光所現，那麼不是生眚病的人應同樣看到，然而，此圓影唯獨生眚病之人才能看到。它如果是生眚病的人所見，此所見之影又是何物？

「其次，如果此眚眼所見圓影是離開燈光而獨立存在的，這就如同在一旁觀看屏帳宴席也有圓影現出一樣。離開見物而另有的東西應該不是眼睛所見，怎麼能說生眚病的人，其眼見到了圓影。由此可以知道，燈光是由燈所發，圓影是眼生眚病形成的，圓影和見圓影之見俱是眚病所致。沒有生眚病的人只能看見燈光，沒有圓影出現，最終就無從談起誰是燈誰是見，其中又誰不是燈，誰不是見。就如同第二月，既不是月之體，也不是月之影。爲什麼？能夠看見第二月，是觀月之時用手按捏眼睛造成的。一切有智力之人都不應該說此因捏眼所形成的二月是月又不是月，是見又不是見。有眚病的人看燈有圓影也是這樣，它是眚病所致，你現在說誰是燈是見，更不必去區分誰不是燈不是見。

「什麼是同分妄見？阿難，此閻浮提除大海之水外，中間平坦的陸地有三千洲。中央的大洲，從東到西有大國凡二千三百，其餘的小洲在各各海中，其中或有三百、二百個國家的，或有一個、二個以至三十、四十、五十個國家的。阿難，假若其中有一小洲，只有兩個國家，僅有一國之人共同感受到了惡劣的環境。在這個小洲中住著的衆生們，目睹了所有一切不祥的情景，或者看見兩個太陽，或者看見兩個月亮，其中乃至日蝕月蝕，如珮玦一樣日月光環，飛逝的彗星，像耳環一樣的虹蜺等。此種種惡相只在此國可見，另外一個國家的衆生既沒看見，也沒有聽說。

原典

爾時，世尊憐愍阿難及諸大衆，將欲敷演大陀羅尼❶諸三摩提妙修行路。告阿難言：「汝雖強記，但益多聞，於奢摩他微密觀照❷，心猶未了。汝今諦聽，吾當爲汝分別開示，亦令將來諸有漏者獲菩提果。

「阿難，一切衆生輪迴世間，由二顚倒分別見妄，當處發生，當業輪轉。云何二見？一者衆生別業❸妄見，二者衆生同分❹妄見。

「云何名爲別業妄見？阿難，如世間人目有赤眚，夜見燈光別有圓影，五色重疊。於意云何？此夜燈明所現圓光，爲是燈色，爲當見色。阿難，此若燈色，則非眚❺人，何不同見？而此圓影惟眚之觀。若是見色，見已成色，則彼眚人見圓影者，名爲何等？

「復次阿難，若此圓影，離燈別有，則合傍觀屏帳几筵有圓影出。離見別有，應非眼矚。云何眚人目見圓影？是故當知，色實在燈，見病爲影。影見俱眚，見眚非病。終不應言是燈是見，於是中有非燈非見。如第二月，非體非影。何以故？第二之觀捏所成故。諸有智者，不應說言此捏根元是形非形，離見非見。此亦如是。目眚所成，今欲名誰是燈是見。何況分別非燈非見？

「云何名為同分妄見？阿難，此閻浮提除大海水，中間平陸有三千洲。正中大洲，東西括量，大國凡有二千三百，其餘小洲在諸海中，其間或有三兩百國，或一或二，至於三十、四十、五十。阿難，若復此中有一小洲，只有兩國。惟一國人同感惡緣❻，則彼小洲當土衆生，睹諸一切不祥境界，或見二日，或見兩月，其中乃至暈❼蝕珮玦，慧❽孛飛流，負耳虹蜺，種種惡相。但此國見彼國衆生本所不見，亦復不聞。

注釋

❶**陀羅尼**：梵文音譯，意譯曰總持、能持、能遮等。佛教的一種修行方法，通過這種修行可使所聞之法不會忘記。有四種陀羅尼，法陀羅尼（聞法不忘），義陀羅尼（於諸法之義總持不忘），咒陀羅尼（於咒總持而不失），忍陀羅尼（安住持忍）。

❷**觀照**：用智慧觀察事理，如鏡中照物清清楚楚。

❸**別業**：對於衆生說，其個別的行業稱別業。

❹**同分**：對於衆生說，其共同的行業稱同分。

❺**眚**：音省，眼睛長白翳。

❻**惡緣**：能使人產生惡行的外界事物。

❼**暉**：環繞日月的光環。

❽**慧**：慧星。

譯文

「阿難，我現在就以這兩件事為例，為你從前到後地進行分析。阿難，就如同衆生的別業妄見，當看到燈光中所現出的圓影，雖然看來其影像似乎與眞的無異，但終究是所見之人的眚病所成。眚目所見是虛幻的假相，不是物相所產生。然而，如果認識到眚目所見的影不是眞見，其見終究是沒有錯誤的。同樣，你現在用眼看到的山河國土及諸衆生，都是衆生的根本妄見所成。見和所見的塵境似乎顯現於眼前，實際上本無所有，元是妙淨明體。如果見實有所見之境，並能見到他們，這就如同得了眚病。眞覺妙明遍十方界，湛然常住故不是眚。如果覺見和覺見之境俱是眚病，而眞覺則不在眚病之中。眞覺即是見性，它無知無覺，為何又名覺聞知見？因此，你如今看見我和你自己以及諸世間的十類衆生，都是妄見，即如見生了眚病。如果不是妄見，即非眚病者，則這種見就是眞見。此眞見性離虛妄，無境可見，故不能叫做見。

「阿難，假若以某些衆生的同分妄見類比別業妄見的一個人，就如同一個眼睛有病的人所見，同一國之人所見是相同的一樣。某人見圓影是眚病所致，而此衆人共同所見的不祥災異，則是衆生觀察行爲中同樣的惡瘴所造成的。它們都產生於衆生的無知妄見。比如閻浮提三千洲及四大海中的娑婆世界以及一切十方有煩惱存在的各個國家及其衆生，它們本來是本淨無染的妙心，但起見聞覺知這種虛妄病因，把因緣和合的假相妄見爲生，把因緣離散妄見爲死。如果能遠離這種種因緣和合和不和合的諸種假相，那麼就滅除了妄見生死的成因，生死之因旣滅，菩提本覺的不生滅性就得以圓滿，就能得見清淨本心而成就菩提覺性。

原典

「阿難，吾今爲汝以此二事進退合明。阿難，如彼衆生別業妄見。矚燈光中所現圓影，雖現似境，終彼見者目眚所成。眚即見勞，非色所造。然見眚者，終無見咎。

例汝今日以目觀見山河國土及諸衆生，皆是無始見病所成。見與見緣，似現前境，元我覺明見所緣眚，覺見即眚。本覺明心，覺緣非眚。覺所覺眚，覺非眚中，此實見見。云何復名覺聞知見？是故汝今見我及汝，並諸世間十類衆生，皆即見眚，非見眚者。彼見眞精、性非眚者，故不名見。

「阿難，如彼衆生同分妄見，例彼妄見別業一人，一病目人，同彼一國。彼見圓影，眚妄所生。此衆同分所見不祥，同見業中瘴惡所起，俱是無始見妄所生。例閻浮提三千洲中，兼四大海，娑婆世界並洎十方諸有漏國，及諸衆生，同是覺明無漏妙心，見聞覺知虛妄病緣，和合妄生，和合妄死。若能遠離諸和合緣，及不和合，則復滅除諸生死因。圓滿菩提不生滅性，清淨本心，本覺常住。

譯文

「阿難，你雖然先已悟知本覺妙明之性，不是因緣所生，也不是自然所生。然而還不明白如此覺性元來並不是和合所生，也不是不和合相。阿難，我現在再以眼前的境物問你：你現在依然以世間的妄想，即因緣和合之性，而自生疑惑，認為證得菩提覺心是從和合而有，那麼你現在的妙淨精見之體是與明和，是與暗和，是與通和，是與塞和？如果是與明和者，當你在觀看明之時，明應當現在眼前，爲什麼看到的是各種交雜的現象？見和所見的東西應是分明可辨，此交雜的現象是何形象？如果這交雜的現象並不是所見，那什麼是見明呢？如果這種交雜的現象就是所見，那麼什麼是見明之見？如果此見遍滿一切處，那麼見就沒有地方和明相和；如果使明相遍滿一切處，明就沒有地方與見相和。見必定不同於明，見明之見如果是見雜相，明就不是明了。明性既失，再說見與明和就失去其意義了。見與暗和，見與通和，見與塞和也是這樣。

「其次，阿難，你現在的妙靜見體是與明合，是與暗合，是與通合，是與塞合？如果是與明相合者，當至於暗時，明相已經消失，此見既然不是與諸種暗相相合，憑什麼見暗呢？如果見暗之時，見不是與暗相合，而是與明相合而又見不到明，既然見不到明，又如何說與明相合？因爲明不是暗，此見與暗合，與通合及與諸塞合者也是這樣。」

原典

「阿難，汝雖先悟本覺妙明，性非因緣，非自然性，而猶未明如是覺元，非和合生及不和合。阿難，吾今復以前塵問汝：汝今猶以一切世間妄想和合諸因緣性，而自疑惑，證菩提心和合起者。則汝今者妙淨見精，爲與明和，爲與暗合，爲與通和，爲與塞和？若明和者，且汝觀明，當明現前，何處雜見。見相可辨，雜何形像。若非見者，云何見明。若即見者，云何見見。必見圓滿，何處和明。若明圓滿，不合見和。見必異明，雜則失彼性明名字。雜失明性，和明非義。彼暗與通，及諸群塞，亦復如是。

「復次阿難，又汝今者妙淨見精，爲與明合，爲與暗合，爲與通合，爲與塞合？若明合者，至於暗時，明相已滅，此見即不與諸暗合，云何見暗。若見暗時，不與暗合，與明合者，應非見明。既不見明，云何名合，了明非暗。彼暗與通，及諸群塞，亦復如是。」

譯文

阿難對佛說：「世尊，我是這樣想的，此妙覺之性與諸塵境及心之思慮不相和合。」

佛說：「你現在又說，此覺之性非和合相。我再問你：此妙見之體不是和合者，是與明不相和合，是與暗不相和合，是與通不相和合，還是與塞不相和合？如果是與明不相和合，則見與明之間必有分界的地方。你仔細地審視一下，什麼地方是明，什麼地方是見？對于見和明來說，它們各自以什麼爲邊界？阿難，如果在明的範圍內一定沒有見，則見就看不到明，那麼明與見就不相干，自然就不知道明相處在何方，又在什麼地方去尋找它們的分界呢！此見體與暗、與通及與諸塞不相和合者也是這樣。

「再說，妙見之體不是和合相者，是與明不相合，是與暗不相合，是與通不相合，是與塞不相合？如果是與明不相合，則見和明就是兩種沒有關係的東西，就如同耳朵與明不相接觸一樣。它們之間既然沒有關係，見也就不知道明相的所在，所謂見與明合或不與明合之理也就無從談起。不與暗、不與通及諸塞相合也是這樣。

原典

阿難白佛言：「世尊，如我思惟，此妙覺元，與諸緣塵，及心念慮，非和合耶。」

佛言：「汝今又言覺非和合。吾復問汝：此妙見精非和合者，爲非明和，爲非暗合，爲非通和，爲非塞和？若非明和，則見與明，必有邊畔。汝且諦觀，何處是明，何處是見？在見在明，自何爲畔？阿難，若明際中必無見者，則不相及，自不知其明相所在，畔云何成？彼暗與通及諸群塞、亦復如是。

「又妙見精非和合者，爲非明合，爲非暗合，爲非通合，爲非塞合？若非明合，則見與明，性相乖角，如耳與明，了不相觸。見且不知明相所在，云何甄明合非合理。彼暗與通，及諸群塞，亦復如是。

譯文

「阿難，你還是沒有明了一切塵世中虛假的幻化之相，是無所出生，無所依止，本自寂滅而徒有其名的假相，其眞性元是菩提妙覺明體。這樣的幻化之相乃至包括五陰（色、受、想、行、識）六入（眼、耳、鼻、舌、身、意六根），及從十二處（六根和六境的總和，六境即色、聲、香、味、觸、法）到十八界（六根、六境加六識，六識指眼識、耳識、鼻識、舌識、身識、意識）都是因緣和合而有生，又隨著因緣離散而寂滅。這些幻化之相的生滅去來本是如來藏性無生無滅，無去無來，常住不動，周遍寂靜。而諸衆生尚不覺知，卻在此眞常性中去求索去來，而迷悟生死，最終是一無所得。

「阿難，爲什麼說五陰本是如來藏妙覺眞性？阿難，譬如有人以清澈的眼睛看明朗的晴空，看到的是一個唯一的一無所有的晴朗的虛空。然而，這個人忽起妄念，在沒有什麼原因的情況下，睁大眼睛一動不動地直瞪著天空。當眼睛疲勞的時候，則看到五顏六色閃動的物體，或看到一切都是在亂動的不成形狀的虛影。應當知道色陰就是這樣產生的。阿難，虛空之中五顏六色閃動的物體，不是從空中來，也不是從眼睛中生出。阿難，如果是從空中來的，既然從空中來，還應該從空中回去。空無內外，如果有出有入，虛空就不是虛空了。空如果不是空，自然無法容納這五彩六色的東西，使其有生有滅。就如同阿難就是阿難，豈能容再一個阿難出入？如果是從眼睛中生出，即然是從眼睛中生出，還應回到眼睛之中，既此五顏六色的物體是完全出自眼睛之中，這正合有見。如果眞是眼睛所見，那麼離開眼睛，這種種五顏六色之相就變成空無所有。如果回到眼睛之中就沒有眼見，那麼它們就是眼睛中的翳障。這些翳障從眼睛中出去則遮障虛空，而回歸眼睛則遮障眼見。如果這五顏六色之相從眼睛中出而被眼睛看見，眼睛應該沒有了翳障，稱清明眼，但爲什麼只有看晴空的眼睛才稱清明眼呢？因此應該知道，色陰是虛幻之相，無生無滅，本不是因緣所生，也沒有自然之性。

原典

「阿難，汝猶未明一切浮塵諸幻化相❶，當處出生，隨處滅盡。幻妄眞相，其性眞爲妙覺明體，如是乃至五陰❷六入❸，從十二處❹至十八界。因緣和合，虛妄有生；因緣別離，虛妄名滅。殊不能知生滅去來，本如來藏❺，常住妙明，不動周圓，妙眞如性。性眞常中，求於去來迷悟生死，了無所得。

「阿難，云何五陰本如來藏妙眞如❻性。阿難，譬如有人以淸淨目觀晴明空，惟一晴虛，迥無所有。其人無故不動目睛，瞪以發勞，則於虛空別見狂華，復有一切狂亂非相。色陰當知亦復如是。阿難，是諸狂華，非從空來，非從目出。如是阿難，若空來者，既從空來，還從空入。若有出入，即非虛空。空若非空，自不容其華相起滅。如阿難體，不容阿難。若目出者，既從目出，還從目入。即此華性從目出故，當合有見。若有見者，去既華空，旋合見眼。若無見者，出既翳空，旋當翳眼。又見華時，目應無翳，云何晴空號淸明眼？是故當知色陰虛妄，本非因緣，非自然性。

注釋

❶**幻化相**：即虛妄之相，有而忽無，無而忽有，並不是實有。

❷**五陰**：陰，梵文音譯曰塞犍陀，意譯曰蘊，陰覆、積聚等。五陰即色、受、想、行、識，是佛教對人和人的意識活動的概括，從廣義說也指物質世界和精神世界的總和。色陰，相當一切物質現象；受陰，相當於感受、感覺；想陰，相當於知覺；行陰，相當於思維活動；識陰，指意識活動的主體。佛教認爲五陰和合而成的人的身心是暫時的不實在的。大乘佛教則認爲五陰皆是虛幻不實的，所謂「五蘊皆空」。

❸**六入**：一般指眼、耳、鼻、舌、身、意六根爲內六入；色、香、聲、味、觸、法六塵

爲外六入，它們互相涉入產生六識。

❹**十二處**：又稱十二入，即六根和六塵的總和。

❺**如來藏**：一切衆生都藏有本來清淨的如來法身，即成佛的自性，因被煩惱隱覆不顯，故名如來藏。

❻**眞如**：梵文的意譯，又譯曰如如。眞者眞實，如者如常，即不變易的眞常之性，稱眞如。佛教把宇宙萬物的本性稱眞如。

譯文

「阿難，譬如有這樣一個人，他的身體及肢體的各個部位都很安靜，也很調順，忽然之間好像忘記了自己形體的存在，沒有任何諸如苦和樂那樣的感覺。然而，這個人卻無緣無故地以兩個手掌在虛空中搓摩，於是在兩手之間產生滑澀、冷熱等各種感受。你們應當知道，受陰就是這種情況。阿難，這種本來不存在而因兩手相合才產生的幻觸，不是從虛空中來，也不是從手掌中生出。阿難，其中的道理是這樣的，如果是從虛空中來，它既然可以觸及手掌，爲何不能觸及身體呢？它不應該在虛空中有選擇地觸動；如果是從手掌中出，就不應該在兩手掌相合時才產生，而應該在孤掌的情況下就應有感覺。再說，如果是從手掌中生出，當兩手掌相合時有觸覺，如果兩手相離，則觸覺就應回入掌中，臂腕骨髓都應該感覺到回入時的走向蹤跡，也必定有覺知之心知其出入。自身中有一物在身體中往來出入，何以等到手掌相合之時才稱它爲觸呢？因此知道受陰虛妄，本不存在，故不是因緣所生，也沒有自然之性。

「阿難，譬如有人談說酸梅就有口水流出，想到要攀登懸崖，心中就產生酸澀的感覺。應當知道，想陰也是這樣產生的。阿難，這種因談梅而產生的酸水是說出來的，不是從梅中生出，也不是從口進入的。阿難，如果酸水是從梅中所生，梅應自己說出，何須等待別人說出？如果是從口入，自應由口來嘗其味，何須等待用耳來聽？如果唯有耳朵才能聞到，那麼酸水爲什麼不從耳中流出呢？想攀登懸崖，其中的道理與此類同。由此知道，想陰亦爲虛妄，本無生無滅，故非因緣所生，也沒有自然之性。

原典

「阿難，譬如有人，手足宴安，百骸調適，忽如忘生，性無違順。其人無故以二手掌於空相摩，於二手中妄生澀滑冷熱諸相。受陰當知亦復如是。阿難，是諸幻觸，不從空來，不從掌出。如是阿難，若空來者，既能觸掌，何不觸身？不應虛空選擇來觸。若從掌出，應非待合。又掌出故，合則掌知，離則觸入，臂腕、骨髓，應亦覺知入時蹤跡，必有覺心知出知入，自有一物身中往來。何待合知，要名為觸。是故當知，受陰虛妄，本非因緣，非自然性。

「阿難，譬如有人，談說酢梅，口中水出，思蹋懸崖，足心酸澀。想陰當知亦復如是。阿難，如是酢說，不從梅生，非從口入。如是阿難，若梅生者，梅合自談，何待人說。若從口入，自合口聞，何須待耳。若獨耳聞，此水何不耳中而出。想蹋懸崖，與說相類。是故當知想陰虛妄，本非因緣，非自然性。

譯文

「阿難，譬如瀑布，其波浪一個跟著一個，前面的和後面的絕不會相互超越。行陰應該說也是這樣的。阿難，瀑布的這種流性不是從空中生，也不是因水而有，更不是水所必具的性質，但又不能離開虛空，也不能離開水。是這樣的，阿難，如果是因空而生，那麼十方無窮無盡的虛空就皆爲無窮無盡的水流，世界就將被水流淹沒。如果是因水而有，那麼此瀑布的流性應不是水，因爲水和瀑布各有自己的相體，應同時表現出來，實際情況並不是這樣。如果此瀑布的流性即是水性，則瀑布的渾濁性，當浪花澄清之時，則因渾濁性消失，故應不是水。如果此瀑布能離開空和水，空外無物，而水外無瀑布。由此應該知道，行陰虛妄，無處出生，本不是因緣所生，也沒有自然之性。

原典

「阿難，譬如瀑流，波浪相續，前際後際，不相踰越。行陰當知亦復如是。阿難，如是流性，不因空生，不因水有，亦非水性，非離空水。如是阿難，若因空生，則諸十方無盡虛空，成無盡流，世界自然俱受淪溺。若因水有，則此瀑流性應非水，有所有相今應現在。若即水性，則澄清時，應非水體。若離空水，空非有外，水外無流。是故當知行陰虛妄，本非因緣，非自然性。

譯文

「阿難，譬如有人取頻伽瓶，塞住兩個瓶口，瓶中盛的是虛空。他遠行千里，帶著這個空瓶子送給另一個國家。應該說，識陰也是這樣的。阿難，此瓶中所盛之空，它既不是從彼方帶來，也不是在此方盛入。是這樣的，阿難，如果是從彼方帶來，那麼，因此瓶中從彼方帶來了虛空，而彼方之地就應少了如瓶中所貯那樣一塊虛空；如果是在此方盛入，打開瓶口倒瓶，瓶中應有空出。因此應該知道，識陰虛妄，並非實有，本不是因緣所生，也沒有自然之性。

原典

「阿難，譬如有人，取頻伽瓶❶，塞其兩孔，滿中擎空，千里遠行，用餉他國。識陰當知亦復如是。阿難，如是虛空，非彼方來，非此方入。如是阿難，若彼方來，則本瓶中既貯空去，於本瓶地應少虛空。若此方入，開孔倒瓶，應見空出。是故當知識陰虛妄，本非因緣，非自然性。」

注釋

❶**頻伽瓶**：頻伽，一種鳥的名稱，此鳥一身雙頭，這裡指形狀似頻伽鳥的瓶子。

3卷三（節選）

譯文

「阿難，就如同你所說的：四大和合產生了世間的種種變化。阿難，如果四大中的一種，其體之性並非和合而成，那麼它就不能與四大中的其他幾種相雜合。這就如同虛空不能與諸色和合一樣。如果是和合而成者，就與世間的種種變化一樣，始終是在和合中成就，生滅相續，從生到死，從死到生，生生死死，如同旋轉的火輪，沒有止息。阿難，這就像水結成冰，冰再化成水一樣。

「你看地之性，粗的是大地，細的是微塵。當微塵接近虛無的時候，再進一步剖其爲極微，則就達到了色塵的邊際。如果將此極微再分成七份，就更加接近虛無了。如此細分下去，就成爲眞實的空性。

「阿難，如果細分接近虛空的微塵，最後能成就虛空，由此則應當知道虛空是生於色相。你今天所問的問題是：是不是由於和合的緣故，才產生了世間的種種變化之相。那麼，你觀察一下，每一個接近虛空的微塵，是用了多少虛空和合而成？不應該說，接近虛空的微塵再和合而成接近虛空的微塵。再說，接近虛空的微塵不斷細析而入虛空，那麼，用多少微塵色相能合成虛空？如果是色相合，色與色合並不是空；如果是空相合，空與空合並不是色。色還可以細析，空怎麼能說有合呢？這都是你元本就不知道，在如來藏中，色的本性是空之眞體，空的本性是色之眞體。它們本來清淨，充滿整個法界，是隨著衆生之心，適應衆生所能知道的量的限度，根據衆生的行業而顯現的。世間之人無知，迷惑其爲因緣和合所生，或自然之性。這皆是識心的分別計度，徒有言說，實際上沒有眞實的意義。

原典

「阿難，如汝所言，四大和合，發明世間種種變化。阿難，若彼大❶性，體非和合，則不能與諸大雜合。猶如虛空，不和諸色。若和合者，同於變化，始終相成，生滅相續，生死死生，生生死死，如旋火輪，未有休息。阿難，如水成冰，冰還成水。

「汝觀地性，粗爲大地，細爲微塵。至鄰虛塵❷，析彼極微，色邊際相。七分所成

❸，更析鄰虛，即實空性。

「阿難，若此鄰虛，析成虛空，當知虛空，出生色相。汝今問言：由和合故，出生世間諸變化相。汝且觀此一鄰虛塵，用幾虛空，和合而有。不應鄰虛，合成鄰虛。又鄰虛塵，析入空者，用幾色相，合成虛空。若色合時，合色非空；若空合時，合空非色。色猶可析，空云何合？汝元不知，如來藏中，性色眞空，性空眞色。清淨本然，周遍法界❹。隨衆生心，應所知量，循業發現。世間無知，惑為因緣，及自然性，皆是識心，分別計度❺，但有言說，都無實義。

注釋

❶**彼大**：大即四大，指地、水、火、風。此經還有七大説，即地、水、火、風、空、見、識。

❷**鄰虛塵**：已接近虛空的微塵。

❸**七分所成**：古代印度有用七細分事物以至極微的習慣。

❹**法界**：有兩種意義。一與法性、眞如等大乘佛教的最高眞理相類；一指一切法，即所

有的事物。此處指後者。

❺**分別計度**：分別者，辨析事物不相混同；計度者，詳細較量計眞。

譯文

「阿難，火之性沒有自體，是寄托在諸所攀緣的物體之中而成形。你觀察一下城中還沒有進食的人家，在他們將要作飯之時，手中拿著陽燧，在太陽前求火。阿難，什麼叫做和合，就如同我和你們一千二百五十位比丘，今天合爲一衆。此大衆雖聚爲一，但究其根本，各各都有自己的身體，大家都有出生自己的族氏和姓名，如舍利弗是婆羅門種，優樓頻螺是迦業波種，乃至阿難是瞿曇種姓。

「阿難，如果此火之性，因和合而有，那麼，手中執鏡在太陽下求火，此火是從鏡中生出，是從艾草中生出，還是從太陽中來？阿難，如果是從太陽中來，自然能燃燒你手中的艾草，而所來經過之處的林木都應當遭到焚燒。如果是從鏡中生出，自然能從鏡中出來點燃艾草，但爲何鏡子不被熔化？你彎曲手掌握鏡，手掌尙且沒有熱的感覺，又怎麼能融化鏡子呢？如果火是從艾草中生出，爲何還要借太陽的光和太陽的明性相接觸而後火生呢？

「你再仔細的觀察一下，鏡子是用手拿著，太陽的光是從天上而來，而艾草則本爲地上所生，那麼，火是從何方遊歷到這裡來的呢？太陽和鏡子相去很遠，不能和，也不可能合，總不應該說，火是沒有來處而自有吧！這是因爲你還是不知道，在如來藏中，火的本性是空之眞體，空的本性是火之眞體。此體本來清淨，充滿整個法界，是隨著衆生之心，適應衆生所能知道的量的限度。

「阿難，你應當知道，世間之人在一個地方拿著鏡子，就能在一處生出火來，如果遍滿整個法界的人都拿著鏡子，那麼，滿世間都將起火，當火燃遍整個世間，世間還能有安寧的地方嗎？只能隨衆生的行業而顯現，世間之人無知，迷惑其爲因緣和合所生，或自然之性，這都是識心的分別計度，徒有言說，實際上沒有眞實的意義。

原典

「阿難，火性無我，寄於諸緣。汝觀城中未食之家，欲炊爨時，手執陽燧❶，日前求火。阿難，名和合者，如我與汝一千二百五十比丘，今爲一衆。衆雖爲一，詰其根本，各各有身，皆有所生氏族名字，如舍利弗婆羅門種❷、優樓頻螺❸迦業波❹種，乃至阿難瞿曇❺種姓。

「阿難，若此火性，因和合有，彼手執鏡於日求火，此火爲從鏡中而出，爲從艾出，爲從日來？阿難，若日來者，自能燒汝手中之艾，來處林木，皆應受焚。若鏡中出，自能於鏡出然於艾，鏡何不鎔？紆❻汝手執，尚無熱相，云何融泮❼？若生於艾，何藉日鏡光明相接，然後火生？

「汝又諦觀，鏡因手執，日從天來，艾本地生，火從何方遊歷於此？日鏡相遠，非和非合，不應火光，無從自有。汝猶不知，如來藏中，性火眞空，性空眞火，清淨本然，周遍法界，隨衆生心，應所知量。

「阿難，當知世人一處執鏡，一處火生；遍法界執，滿世間起。起遍世間，寧有方所？循業發現，世間無知，惑爲因緣及自然性，皆是識心，分別計度，但有言說，都無實義。

注釋

❶**陽燧**：古代取火的工具。

❷**婆羅門種**：婆羅門是梵文音譯，是古代印度四種姓的第一種姓，是主祭祀的階層，知識的壟斷者。

❸**優樓頻螺**：梵文音譯，意譯木瓜，人名。兄弟三人，其為長。初為外道論師，後與二個弟弟及五百弟子共同歸佛出家。

❹**迦業波**：梵文音譯，意譯曰飲光。相傳古有仙人，身有光，飲蔽日月，稱飲光，其後人即為飲光種姓。

❺**瞿曇**：梵文音譯，又譯曰喬達摩，古代印度的一個姓，釋迦牟尼就姓瞿曇。

❻**紆**：彎曲、曲折意。

❼**泮**：音半，融解意。

譯文

「阿難，水性是不固定的，流動和停息都沒有恆一的狀態。如室羅城的迦毗羅仙、斫迦羅仙以及鉢頭摩訶薩多等，這些大幻師們，他們求太陰之精水來和幻藥。每當午夜子時，白月如畫，他們手執方諸，求取月中之水。那麼，此求來的水是從形同珠子的方諸中生出，是空中自有，還是從月中而來？阿難，如果是從月亮中來，月亮距離方諸如此遙遠而能令珠中出水，那麼，其所經過的林木皆應有流水吐出，何必依靠方諸流水？如果所經過的林木都不出水，說明水並不是月中所降。如果水是從珠中出，那麼在此珠中應該常有流水，何必等到午夜月明如畫之時？如果是從空中生出，虛空沒有邊際，而流水也應該是沒有邊際的，這樣，從人間到天上到處都被滔滔洪水淹沒，爲什麼還會有水裡、陸上、空中的諸種生命？

「你再仔細觀察，月亮是在天上升起，珠子是用手拿著，而承接珠的水盤本是人安裝的，而水是從什麼地方流注於此盤中呢？月亮與珠子相去很遠，不能和，也不能合，總不能說水精沒有來處而自有吧！這是因爲你還是不知道在如來藏中，水的本性是空的眞體，空的本性是水的眞體。此體本來淸淨，充滿整個法界，是隨著衆生之心，適應衆生所能知道的量的限度。在一個地方執珠，一處就能出水；如果遍整個法界之人都執此珠，則水就能遍法界而出生。水生滿整個世間，還有安寧的地方麼！只能隨衆生的行業而顯現，世間之人無知，迷惑其爲因緣和合所生，或自然之性，這都是識心的分別計度，徒有言說，實際上沒有眞實的意義。」

原典

「阿難，水性不定，流息無恒，如室羅城迦毗羅仙❶，斫迦羅仙及鉢頭摩訶薩多❷等，諸大幻師，求太陰精❸，用和幻藥。是諸師等，於白月晝，手執方諸❹，承月中水。此水爲復從珠中出，空中自有，爲從月來？阿難，若從月來，尙能遠方令珠出水，所經林木，皆應吐流，流則何待方諸所出？不流明水，非從月降。若從珠出，則此珠中常應流水，何待中宵承白月晝？若從空生，空性無邊，水當無際，從人洎天，皆同滔溺，云何復有水陸空行？

「汝更諦觀，月從天陟❺，珠因手持，承珠水盤，本人敷設，水從何方流注於此？

月珠相遠，非和非合，不應水精，無從自有。汝尚不知，如來藏中，性水眞空，性空眞水。清淨本然，周遍法界，應衆生心，應所知量。一處執珠，一處水出；遍法界執，滿法界生。生滿世間，寧有方所。循業發現，世間無知，惑爲因緣，及自然性。皆是識心，分別計度。但有言說，都無實義。

注釋

❶**迦毗羅仙**：古印度外道師名，數論派之祖。迦毗羅，意譯曰黃色，所以又稱「黃頭仙人」。

❷**斫迦羅仙及鉢頭摩訶薩多**：皆爲古代印度的外道師名，均善幻術。

❸**太陰精**：太陰即月亮，太陰精指月亮上的水。

❹**方諸**：古代一種專門在月下求取露水的器具。據説其形若珠，從蛤中出。

❺**陟**：音質，登高意。

譯文

「阿難，風性沒有固定之體，動靜無常。當你穿好衣服，向大衆中走去時，你袈裟的衣角會碰到旁邊的人；如果有微風，則會拂及他人臉面。那麼，此吹動衣服的風是從袈裟角中生出，還是發自虛空，還是從他人臉面上發生？阿難，此風如果是從袈裟角中生出，你乃是把風披在身上，當你的衣服搖動起來，此風應該離開你的身體。我現在說法，與會的大衆都看到我的衣服下垂，你看看我的衣服，風在什麼地方？不應說我的衣服中有藏風之地吧！如果風是從虛空中生出，當你的衣服不動之時，爲何沒有風來拂面？虛空其性常住，風也應當常生；如果沒有風，虛空亦應隨之消滅。風的消失是可以觀察到的，虛空的消滅到底是個什麼樣子？虛空如果有生有滅，就不會叫做虛空；既然叫作虛空，又如何說有風生出？如果風是自生於被風所拂的臉面，既然風是從被拂的臉面上生出，就應當先拂自己的面，爲何當你整衣之時，反倒拂他人之面？

「你仔細地觀察，整理衣服是你自己作的，而被拂的臉面是屬於他人的；虛空寂靜不參雜任何流動，那麼，風是從何方鼓動來到這裡？風和虛空，其性相差很遠，不能和，也不能合，總不能說風之性是沒有來處而自有吧！這是因爲你不知道在如來藏中，風之性是空的眞體；空之性是風的眞體，此體本來淸淨，充滿整個法界，是隨著衆生之心，適應衆生所能知道的量的限度。阿難，如果你一個人微微動一下衣服，就有微風生出；如果整個法界之人都拂動衣服，那麼，遍滿國土都有風生，這樣，遍滿整個世間，那裡會有平靜之處？因此，風是隨著衆生的行業顯現的，世間之人無知，迷惑其爲因緣和合所生，或自然之性。這都是識心的分別計度；徒有言說，實際上沒有眞實的意義。」

原典

「阿難，風性無體，動靜不常。汝常整衣，入於大衆。僧伽梨❶角，動及傍人；則有微風，拂彼人面。此風爲復出袈裟❷角，發於虛空，生彼人面？阿難，此風若復出袈裟角，汝乃披風，其衣飛搖，應離汝體。我今說法，會中垂衣，汝看我衣，風何所在？不應衣中，有藏風地。若生虛空，汝衣不動，何因無拂？空性常住，風應常生。

若無風時，虛空當滅。滅風可見，滅空何狀？若有生滅，不名虛空；名爲虛空，云何風出？若風自生被拂之面，從彼面生，當應拂汝，自汝整衣，云何倒拂？

「汝審諦觀，整衣在汝，面屬彼人。虛空寂然，不參流動，風自誰方鼓動來此？風空性隔，非和非合，不應風性，無從自有。汝宛不知如來藏中，性風眞空，性空眞風。清淨本然，周遍法界，隨衆生心，應所知量。阿難，如汝一人，微動服衣，有微風出；遍法界拂，滿國土生，周遍世間，寧有方所？循業發現，世間無知，惑爲因緣及自然性，皆是識心分別計度，但有言說，都無實義。」

注釋

❶**僧伽梨**：梵文音譯，爲比丘三衣之一，是三衣中最大者，故稱大衣，入王宮聚落，乞食說法必服此衣。

❷**袈裟**：亦梵文音譯，意譯曰不正色，即不用青、黃、赤、白、黑等正色，而用雜色。是比丘法衣的總稱，因色而名。其衣形如長方形，是用許多小片衣料綴合而成，又稱割截衣等。比丘法衣有大中小三種，小者名安陀會，中者名鬱多羅僧，大者名僧伽梨。

4 卷四（節選）

譯文

佛說：「富樓那，如你所說，（世間一切根、塵、陰、處、界等，皆如來藏）本來清淨，爲什麼忽然生出山河大地？你有沒有聽到如來時常宣講：覺之體性妙明，覺之本性明妙嗎？」富樓那回答說：「是這樣的，世尊，我常聽佛宣講這個道理。」佛說：「你所說的覺明，是其體性本來是明，故叫做覺。還是覺本來是不明的，須要使它明，才稱明覺。」富樓那說：「如果此不明之覺被叫做覺，那麼，這個覺也就無所謂明了。」佛說：「如果覺沒有所明，也就沒有明覺。有所明而並不是覺，無所明就不是明，無明又怎麼能是湛然明性。覺之體性必定是明，言明覺者就是妄。覺並不是所要明的對象，是因能明而立爲能明的對象。既然此能明的對象被妄想所立，也就產生了你的妄想之能。這樣，在本來清淨沒有同和異的一體之中，就忽然顯現出種種不相同的差別之境，並使這些差別之相相互對立，又由此差別之相再立共同沒有差別的虛空境界。同和異的兩種境界既然產生，又再次妄想出既不是同，也不是異的境界。

原典

佛言：「富樓那，如汝所言，清淨本然，云何忽生山河大地？汝常不聞如來宣說：『性覺妙明❶，本覺明妙？』」富樓那言：「唯然，世尊，我常聞佛宣說斯義。」佛言：「汝稱覺明，爲復性明，稱名爲覺。爲覺不明，稱爲明覺。」富樓那言：「若此不明，名爲覺者，則無所明。」佛言：「若無所明，則無明覺。有所非覺，無所非明，無明又非覺湛明性。性覺必明，妄爲明覺。覺非所明，因明立所。所既妄立，生汝妄能。無同異中，熾然成異。異彼所異，因異立同。同異發明，因此復立無同無異。

注釋

❶**妙明**：妙者寂靜長住；明者通照一切。

譯文

「本來清淨的如來藏性，就是因爲如此的擾亂，在同異的對立中產生了粗識勞慮。此勞慮相續不斷，產生了塵相，塵相自相渾濁，產生了業相，從而引起塵勞煩惱。此種種煩惱起而生起世界，靜而變成虛空。虛空爲同，世界爲異，那種非同非異者，就是眞正的衆生有爲之法。

「覺之體性本明，執妄而想欲明，就變成晦昧的虛空。明體與晦昧的虛空相互作用，使妄心產生搖動，故而產生風輪並影響世界。因晦昧的虛空而使心動，因堅持要明覺之體性而使妄心成爲有礙之相。此妄心堅凝變成金寶，從而有金輪保持的國土。堅持妄覺而成金寶，欲明之念搖動而成爲風，風與金相摩擦產生火光變化之功用。金寶的明性產生濕潤，濕性因火光而上昇爲蒸氣，由此有水輪含藏十方界。火性向上升騰，水性向下降生，它們交錯作用，濕的成爲巨海，乾的成爲洲灘。正因爲這個緣故，在大海之中常有火光升起，在洲灘之上常有江河流注。水勢劣於火，與火結合而成爲高山，是故山石相擊會產生火花，融化之後而變成水。土勢劣於水，與水相結合，從土中長出草木，因此，林藪火燒之後變成土，擰絞則變成水。他們都是在妄想的交互作用中產生，你以我爲種，我以你爲種，正是因爲這種因緣關係，世界從成到壞，相續無有終始。

原典

「如是擾亂，相待生勞。勞久發塵，自相渾濁，由是引起塵勞煩惱，起爲世界，靜成虛空。虛空爲同，世界爲異。彼無同異，眞有爲法。

「覺明空昧，相待成搖，故有風輪執持世界。因空生搖，堅明立礙。彼金寶者，明覺立堅，故有金輪保持國土❶。堅覺寶成，搖明風出。風金相摩，故有火光，爲變化性。寶明生潤，火光上蒸，故有水輪含十方界。火騰水降，交發立堅。濕爲巨海，乾爲洲灘❷。以是義故，彼大海中，火光常起；彼洲灘中，江河常注。水勢劣火，結爲高山，是故山石擊則成燄，融則成水。土勢劣水，抽爲草木，是故林藪❸遇燒成土，因絞成水。交妄發生，遞相爲種。以是因緣，世界相續。

注釋

❶**金輪保持國土**：佛教認爲，世界最底層爲風輪，風輪之上爲水輪，水輪之上是金輪，金輪之上有九山八海，是爲地輪。

❷**灘**：水中的沙丘。

❸**藪**：此處指野草。

譯文

「其次，富樓那，明白此妄想之因不是別的，是不知道覺的體性本來就是明，而還要去覺明，這就是妄，眞覺而妄明，這就是過錯之所在。所妄之業相既然已經成立，此欲明覺體的妄能，自然就不能得到了義，從而有很大的局限。正因爲這種緣故，聽超不出聲音，見超不出色相，於是色香味觸等六種塵境妄想得以成就，由此區分出見、覺、聞、知。同一類業相纏在一起，或合而成形，或離而化生。妄心覺明而產生色境，欲明所見之色而產生妄想。不同的妄見之間造成憎恨，而同一的妄見又相互產生愛心。

此愛心流於心中成爲種子，愛心不捨就會形成胚胎，通過異性交媾，吸引以往同一業相而入於胎中。因爲這種緣故，因緣和合而生羯羅藍、遏蒲曇等。胎、卵、濕、化四生，都是隨著其所感受的不同而產生。卵生唯因妄想而受生，胎生是因愛戀之情而受生，濕生因感覺合於新境而受生，化生則因厭離舊境，情愛他境而受生。此情、想、合、離四境並不是固定的，而是處在不斷的變化之中，所有衆生，都是依從自己的行業受生，或者飛昇，或者下沉，正是由於這些原因，衆生在卵、胎、濕、化諸生中相續不斷，無始無終。

原典

「復次，富樓那，明妄非他，覺明爲咎。所妄既立，明理不踰。以是因緣，聽不出聲，見不超色。色香味觸，六妄成就。由是分開見覺聞知。同業相纏，合離成化。見明色發，明見想成，異見成憎，同想成愛。流愛爲種，納想爲胎，交遘發生，吸引同業。故有因緣，生羯羅藍❶、遏蒲曇❷等。胎、卵、濕、化，隨其所應。卵唯想生，胎因情有，濕以合感，化以離應。情、想、合、離，更相變易，所有受業，逐其飛沉。

以是因緣，衆生相續。

注釋

❶**羯羅藍**：梵文音譯，意譯曰凝滑、雜穢。指異性交媾初受胎時的凝結物。

❷**遏蒲曇**：指受胎二七日的胎的形態。

譯文

「富樓那，愛戀之情相結合而受生，此情愛結縛難離，因此在諸世間中，父母、子孫一代一代相續不斷，此類受生是以情愛的貪求爲其本因。情愛所生之身，都需滋養其命，故貪心不止。因此，諸世間中，卵生、化生、濕生、胎生都是依據自己力量的強弱，互相吞食。如此一類的受生是以貪求殺生爲其本因。人食羊，羊死之後變成人，人死之後又變爲羊。如此情景對十種生類都是一樣的，他們生生死死，互相殘殺，互相吞食，帶著惡業輪迴受生，沒有休止而窮盡未來之際。如是一類的受生，是以盜貪爲其本因。你欠下我的命，我以命還你的債，這樣下去，雖然經歷百千劫數，都仍然處在生死之中。你愛我的心，我憐你的色身，雖然經歷百千劫數，依然互相纏縛難捨，唯有殺、盜、淫三種貪求是其根本。因此緣故，業果相續不斷，無始無終。

「富樓那，如此這樣的三種顛倒相續，都是因爲覺體本來妙明，而要妄爲明了覺性，由此產生妄見，妄見中產生山河大地諸有爲相的滅而復生，遷流不息。這都是由此虛妄產生，終而復始。」

原典

「富樓那，想愛同結，愛不能離，則諸世間，父母子孫，相生不斷。是等則以欲貪爲本。貪愛同滋，貪不能止。則諸世間，卵、化、濕、胎，隨力強弱，遞相吞食。是等則以殺貪爲本。以人食羊，羊死爲人，人死爲羊，如是乃至十生之類，死死生生，互來相噉。惡業俱生，窮未來際。是等則以貪盜爲本。汝負我命，我還汝債，以是因緣，經百千劫，常在生死。汝愛我心，我憐汝色，以是因緣，經百千劫，常在纏縛，唯殺、盜、婬，三爲根本，以是因緣，業果相續。

「富樓那，如是三種顛倒相續，皆是覺明明了知性，因了發相，從妄見生，山河大地諸有爲相❶，次第遷流。因此虛妄，終而復始。」

注釋

❶**有爲相**：有爲即有爲法。佛教把一切由因緣造作的，相互聯繫有生滅變化的物質或精神的現象，稱作有爲法，與無爲法相對。有爲法有「四有爲相」，指生、住、異、滅。從無到有曰生，生後的表相或作用功能曰住，由生向滅的轉變過程名異，從有變無曰滅。

5 卷五（節選）

譯文

阿難合掌向佛頂禮之後，對佛說：「今天，我聽到佛以廣施一切的大悲之心，所演說的性淨妙常的眞實法句，但心中仍然不能明了六解一亡的舒展解結的次序。唯願如來垂大慈悲，再次憐愍我們這些與會的大衆，以及爲未來的諸衆生著想，給我們宣示法音，以洗滌我們心中的塵垢。」

這時，如來在師子座上，整理了一下穿在裡面的涅槃僧衣，把身上的袈裟披好，然後把七寶几拉過來，伸手在七寶几中取出劫波羅天奉獻給如來的華巾，在大衆之中綰結成一個結，拿給阿難看，並說：「這個叫做什麼？」阿難及大衆都回答說：「這叫做結。」於是，如來又綰疊華巾，再成一結，重新問阿難：「這個叫做什麼？」阿難和大衆又對佛說：「這也叫做結。」如來就這樣按照次序綰疊華巾，總共結成六結。每當一結結成之時，都要取手中所成之結，拿著給阿難看，問阿難：「這叫做什麼？」

阿難及大衆也都是如同上面的情況，依次回答說：「這個名叫結。」

原典

阿難合掌，頂禮白佛：「我今聞佛無遮❶大悲，性淨妙常眞實法句❷，心猶未達六解一亡，舒結倫次。惟垂大慈，再愍斯會，及與將來，施以法音，洗滌沈垢。」

即時，如來於師子座，整涅槃僧❸，斂僧伽梨，攬七寶几，引手於几，取劫波羅天❹所奉華巾，於大衆前，綰成一結，示阿難言：「此名何等？」阿難大衆俱白佛言：「此名爲結。」於是，如來綰疊華巾，又成一結，重問阿難：「此名何等？」阿難大衆又白佛言：「此亦名結。」如是倫次，綰疊華巾，總成六結。一一結成，皆取手中所成之結，持問阿難：「此名何等？」阿難大衆，亦復如是，次第酬❺佛：「此名爲結。」

注釋

❶**無遮**：普施佛法而無遮蓋。

❷**法句**：法有兩意，一指有自體的萬事萬物；一指佛教的道理，所謂「軌則名法」。法句者，即佛講說佛教道理的話。

❸**涅槃僧**：梵文音譯，又譯曰「泥嚩些那」，《大唐西域記》云：「泥嚩些那，即無帶襻，其將服也，集衣為襵，束帶以絛。襵則諸部各異，色乃黃赤不同。」此指比丘的內衣。

❹**劫波羅天**：即夜摩天，欲界第三天。

❺**酬**：報答意。

譯文

佛對阿難說：「我初次綰巾，你說名叫做結。此所疊的華巾，先前也實是一條，為什麼綰第二次、第三次，你們還是叫其名為結？」阿難回答說：「世尊，此寶疊華經紡織而成華巾，它們雖然本來就是一體，但我是這樣想的，如來綰一次，得一結之名；如果綰成一百個結，最後的一次應該叫做百結。何況此巾只有六結，最終沒有達到七，也沒有停於五。為什麼如來只允許初次所綰稱結，第二次、第三次就不能稱結呢？」

佛告訴阿難：「此巾乃寶華之巾，你知道此巾原來只有一條，我六次綰此巾時，名爲六結。你仔細地觀察，巾體是相同的，因爲綰結而有不同，你看此意如何？當初次綰結，名叫第一，依次綰巾直至第六結成。我現在要將第六結叫做第一結可以嗎？」阿難說：「不行，世尊，如果六結都存在，這個第六結終究不是第一結，縱然我畢生盡我的智慧進行明辯，無論怎樣也無法使此六結亂名。」佛說：「是這樣的，六結是不同的，追溯它們的本因，本是一巾所造，但要叫六結的次序雜亂，終究是無法作到的。你的六根也是這樣的，是在畢竟爲同一的體性之中而派生的六種不同的根境。」

原典

佛告阿難：「我初綰巾，汝名爲結。此疊華巾，先實一條，第二、第三云何汝曹復名爲結？」阿難白佛言：「世尊，此寶疊華緝績成巾，雖本一體，如我思惟，如來一綰得一結名；若百綰成，終名百結。何況此巾祇有六結，終不至七，亦不停五。云何如來祇許初時，第二、第三，不名爲結？」

佛告阿難：「此寶華巾，汝知此巾元止一條，我六綰時，名有六結。汝審觀察，巾體是同，因結有異，於意云何？初綰結成，名爲第一，如是乃至第六結生。吾今欲將第六結名成第一不？」「不也，世尊！六結若存，斯第六名，終非第一，縱我歷生盡其明辯，如何令是六結亂名。」佛言：「如是，六結不同。循顧本因，一巾所造，令其雜亂，終不得成。則汝六根，亦復如是。畢竟同中，生畢竟異。」

譯文

佛對阿難說：「你必是嫌此六結不能使巾成爲一體，而樂意還原成一巾。那麼，六結已經綰成，如何還原成一巾呢？」阿難說：「如果此六結同時存在，是非就會紛然而起，這其中必然產生此結不是彼結，彼結不是此結的沒有休止的爭論。今天，如來若把所有的結一起解除，結如果沒有了，也就沒有了是此還是彼的爭論。因爲一結之名尚且沒有，哪裡還有六結之名？」佛說：「六解一亡也是這個道理。由於你從無始以來，心性狂亂，在狂亂之中產生虛妄的知見。這種沒有休止的虛妄的知見出現勞累，從勞累的知見中則產生出塵境。這就如同眼睛勞累，而在湛然清淨的明體中見到狂亂的華相一樣，是淨明體中沒有原因而出現雜亂的假相。一切世間山河大地及生死、涅槃，皆是狂亂的塵勞所產生顛倒的華相。」

阿難說：「此狂亂塵勞既然同結一樣，那麼，此狂勞又是如何去解除它呢？」這時，如來用一隻手偏拉綰結華巾的左邊，問阿難：「這樣解行不行？」阿難說：「不行，世尊。」如來又用一隻手偏拉綰結華巾的右邊，又問阿難：「這樣解行嗎？」阿難說：「不行，世尊。」佛告訴阿難：「我現在用手從左邊拉，或從右邊拉，最後都不能把結解開，你設想個方便辦法，看如何才能把結解開？」阿難對佛說：「世尊，應當從結的中心去解，這樣就可以把結解開。」佛告訴阿難：「是的，是的。如果要想把結解除，就應當從結心入手。阿難，我所說的佛法，是從因緣所生，並不是取世間和合而成的諸種粗相而言。如來所要說明的，是要人們知道，世間及出世間的一切諸法其產生的根本原因，是怎樣隨緣而生的。如同這樣，就連恆沙世界之外的一滴雨水，也要知道它的源頭和數量。至於顯現在眼前的各種各樣的現象，如松樹是直的，荆棘是彎的，天鵝是白的，烏鴉是黑的等等，都要了解他們的由來。因此，阿難你應當從你的心中去選擇六根，如果在心中使根結一一解除，諸種塵相自然銷亡。既然諸種虛妄塵相銷亡了，這不是眞又是什麼呢？

原典

佛告阿難：「汝必嫌此六結不成，願樂一成。復云何得？」阿難言：「此結若存，是非鋒起。於中自生，此結非彼，彼結非此。如來今日若總解除，結若不生，則無彼此。尚不名一，六云何成？」佛言：「六解一亡，亦復如是。由汝無始心性狂亂，知見妄發。發妄不息，勞見發塵。如勞目睛，則有狂華，於湛精明，無因亂起。一切世間山河大地，生死涅槃，皆即狂勞，顚倒華相。」

阿難言：「此勞同結，云何解除？」如來以手，將所結巾，偏掣其左，問阿難言：「如是解不？」「不也，世尊。」旋復以手偏牽右邊，又問阿難：「如是解不？」「不也，世尊。」佛告阿難：「吾今以手左右各牽，竟不能解，汝設方便，云何解成？」阿難白佛言：「世尊，當於結心，解即分散。」佛告阿難：「如是，如是。若欲除結，當於結心。阿難，我說佛法，從因緣生，非取世間和合粗相。如來發明世出世法，知其本因，隨所緣出，如是乃至恆沙界外一滴之雨，亦知頭數。現前種種，松直棘曲，鵠白烏玄，皆了元由。是故阿難，隨汝心中選擇六根，根結若除，塵相自滅。諸妄銷亡，不眞何待？

譯文

「阿難，我現在問你：此劫波羅巾六結已成，並放在你的面前，如果同時去解它們的結能夠同時解開嗎？」阿難回答說：「不能，世尊。此六結本是順次一個一個綰成的，現在也應當按照次序一個一個地去解。六結雖然在同一個巾上，但不是同時綰結而成，因而解結時，怎麼能說同時解除呢？」佛說：「六根之結解除也是這樣。要使此根結初解，先得斷滅六根所覺塵境而入空。進而，空性圓明，覺和所覺皆空，不爲一切法所惑而成法解脫。使一切法得到解脫之後，既然生滅諸法已滅，一切都歸於寂滅，也就沒有空相所生。這就叫做菩薩從三摩提得無生忍。」

阿難及與會大衆，承蒙佛的開示，智慧的覺性圓滿通達，再也沒有疑惑之處。

原典

「阿難，吾今問汝：此劫波羅巾，六結現前，同時解縈，得同除不？」「不也，世尊。是結本以次第綰生，今日當須次第而解。六結同體，結不同時，則解結時，云何同除？」佛言：「六根解除，亦復如是。此根初解，先得入空。空性圓明，成法解脫❶。解脫法已，俱空不生，是名菩薩從三摩地得無生忍❷。」

阿難及諸大衆，蒙佛開示，慧覺❸圓通，得無礙惑❹。

注釋

❶**法解脫**：解脫，佛教的重要概念。梵文音譯曰木底（Mukti），意譯曰解脫，意爲從煩惱業障中擺脫出來，得到自在，與涅槃的含義相通。法解脫，即從一切法中擺脫出來，不爲一切法所迷惑。

❷**無生忍**：無生，即無生無滅之理；忍者，認可、信受。無生忍，即於「無生滅諸法實相中信受、通達、無礙、不退」。

❸**慧覺**：自覺覺他的智慧。

❹**無礙惑**：無礙者，自在通達意；惑，對塵境的迷惑不識，是煩惱的總稱，業報輪迴的總因。無礙惑，意爲通達一切，沒有任何所惑之事。

6卷六（節選）

譯文

此時，觀世音菩薩從座位上站起來，在頂禮佛足之後，對佛說：「世尊，回想我在無數恆河沙劫以前，當時有一位佛出現於世，名觀世音。我在這位佛的面前，發菩提心。此佛教導於我，要我從聽聞、思維、修行慧覺，入三摩地。最初於聞性中修行時，由於聞性內流，離開了聲塵，因而聞無所聞；也由於所聞之聲既無，就呈現出一片寂靜的狀態，動和靜二種相狀也就根本不會產生。這樣的漸漸增進，聞性和所聞的聲相俱都亡盡，此時就只有心的覺性。既然聞性與所聞聲相俱已亡盡，此覺心和所覺之境皆成爲空。此覺空之性周遍一切，就使覺空之智和所覺空境俱都消亡。一切生滅也由此不存。既然生滅已滅，寂滅之性也就最後顯現在眼前。當此之時，忽然超越世間和出世間，並於十方世界，圓滿周遍一切諸法而獲得兩種殊勝妙用。一者，上合十方諸佛的本妙覺心，與佛如來具有同一的慈悲之心和神力；二者，下合一切六道衆生，與他們具有同樣的苦樂悲歡。

「世尊，由於我供養觀音如來，承蒙他授予我神妙如幻的薰習覺性，修習聞覺之慧的金剛三昧，而與如來具有同一的慈悲之心和神力，能使我身成就三十二種應化之身，進入各種人間國土。

原典

爾時，觀世音菩薩❶即從座起，頂禮佛足而白佛言：「世尊，憶念我昔無數恆河沙劫，於時，有佛出現於世，名觀世音。我於彼佛，發菩提心❷。彼佛教我，從聞思修，入三摩地。初於聞中，入流亡所。所入既寂，動靜二相，了然不生。如是漸增，聞所聞盡。盡聞不住，覺所覺空。空覺極圓，空所空滅。生滅既滅，寂滅現前。忽然超越世出世間，十方圓明，獲二殊勝。一者，上合十方諸佛本妙覺心，與佛如來，同一慈力；二者，下合十方一切六道衆生，與諸衆生同一悲仰。

「世尊，由我供應觀音如來，蒙彼如來，授我如幻❸聞熏聞修金剛三昧❹，與佛如來同慈力故，令我身成三十二應，入諸國土。

注釋

❶**觀世音菩薩**：菩薩即菩提薩埵的略稱，意爲「覺有情」，或譯作「大士」，指有希望達到佛那樣覺行圓滿的人。菩薩修持大乘六度，求無上菩提，最後成就佛果。觀世音菩薩具有大慈大悲之心，他可以顯示種種化身，應衆生之音聲，前往拯救、度脫衆生的苦難。在中國佛敎中，他與普賢、文殊、地藏並稱爲四大菩薩。

❷**菩提心**：菩提意譯作覺、正覺、無上智慧、佛道等，指對佛敎眞理的覺悟。菩提心即求正覺之心，所謂「菩薩初發心，緣無上道，我當作佛，是名菩提心」（《大智度論》卷四十一）。

❸**如幻**：即看來眞實，實則是沒有實體的虛幻的假相。

❹**金剛三昧**：金剛者，最堅固銳利，能摧毀一切。金剛三昧，即通達一切諸法，能破一切諸種煩惱沒有遺餘的三昧。

譯文

「世尊，如果諸菩薩入三摩地，進修無漏之知並達到聖智圓滿之時，我就現出佛身，爲他們說法，使他們得到解脫。

「如果諸有學修行之人，已進入寂靜妙明的境地，其所得到的妙明殊勝之境也已圓滿周遍，我就在他們的面前現獨覺之身，爲他們說法，使他們得到解脫。

「如果諸有學修行之人，斷除了十二因緣，因斷除了因緣而顯出殊勝的妙性，當此勝妙之性圓滿周遍時，我就在他們的面前現緣覺身，爲他們說法，使他們得到解脫。

「如果諸有學修行之人，得聞四諦和諸法無我皆空的道理，從而斷除一切貪欲，修無爲正道，當此勝道圓滿周遍時，我就在他們的面前現聲聞身，爲他們說法，使他們得到解脫。

「如果諸衆生，想要使自己的身心明亮開悟，不被欲界各種欲望塵境所污染，而欲使身心清淨，我就在他們的面前顯梵王身，爲他們說法，使他們得到解脫。

「如果諸衆生，欲想居天主之位，統領諸天，我就在他們的面前現帝釋身，爲他們說法，使他們的願望得以實現。

「如果諸衆生，欲使身心自在，而在十方世界任意遊行，我就在他們的面前現自在天身，爲他們說法，使他們的願望得以實現。

「如果諸衆生，欲使身心自在，任意在虛空中飛行，我就在他們的面前現大自在天身，爲他們說法，使他們的願望得以實現。

「如果諸衆生，喜歡統帥鬼神，護持世間國土，我就在他們的面前現天上的大將軍身，爲他們說法，使他們的願望得以實現。

「如果諸衆生，喜歡統帥世界，保護衆生，我就在他們的面前顯出四大天王之身，爲他們說法，使他們的願望得以實現。

「如果諸衆生，喜歡生活在天宮之中，並能驅使鬼神，我就在他們的面前現四天王國太子之身，爲他們說法，使他們的願望得以實現。

「如果諸衆生，喜歡成爲人類的統治者，我就在他們的面前現人王之身，爲他們說法，使他們的願望得以實現。

「如果諸衆生，喜歡主持一個家族，而且被世間家族之人所推舉，我就在他們的面前顯長者之身，爲他們說法，使他們的願望得以實現。

「如果諸衆生，喜歡談論分明事理之言，以清淨自居，我就在他們的面前現居士身，爲他們說法，使他們的願望得以實現。

「如果諸衆生，喜歡治理國家，剖析判斷邦邑是非之事，我就在他們的面前現宰官身，爲他們說法，使他們的願望得以實現。

「如果諸衆生，喜歡諸種數術，以調護人身壽命自居，我就在他們的面前顯婆羅門身，爲他們說法，使他們的願望得以實現。

「如果有男子，嚮往佛法，願意出家，並能持諸種戒律，我就在他的面前現比丘身，爲他說法，使他的願望得以實現。

「如果有女人，嚮往佛法，願意出家，並能持諸種戒律，我就在他的面前現比丘尼身，爲他說法，使他的願望得以實現。

「如果有男子，願意執持五戒，我就在他的面前現優婆塞身，爲他說法，使他的願望得以實現。

「如果有女人，以執持五戒自守，我就在他的面前現優婆夷身，爲他說法，使他的願望得以實現。

「如果有女人，以修婦道作為立身的準則，並以此修治家國，我就在他的面前現女王或王后身，或為國夫人身，或為命婦大家之身，為她說法，使她的願望得以實現。

「如果有男子，斷除男女之欲，保持童貞之身，我就在他的面前現童男身，為其說法，使他的願望得以實現。

「如果有處女，願意永保處女之身，不希望受到異性的強施和侵犯，我就在她的面前現童女身，為其說法，使她的願望得以實現。

「如果有諸天天人，願意出離天趣，我就現諸天身，為他們說法，使他們的願望得以實現。

「如果有諸種龍，願意出離龍類，我就現龍身，為他們說法，使他們的願望得以實現。

「如果有藥叉，願意度脫本類，我就在他們的面前現藥叉身，為他們說法，使他們的願望得以實現。

「如果乾闥婆，願意度脫本類，我就在他們的面前現乾闥婆身，為他們說法，使他們的願望得以實現。

「如果阿修羅，願意度脫本類，我就在他們的面前現阿修羅身，爲他們說法，使他們的願望得以實現。

「如果緊那羅，願意度脫本類，我就在他們的面前現緊那羅身，爲他們說法，使他們的願望得以實現。

「如果摩呼羅伽，願意度脫本類，我就在他們的面前現摩呼羅伽身，爲他們說法，使他們的願望得以實現。

「如果諸衆生，願意保持人身，並進而修行人身，我就現人身爲他們說法，使他們的願望得以實現。

「如果諸種不是人的，有形無形的，有思想和沒有思想的一切物類，願意度脫本類，我都將在他們的面前現他們之身，爲他們說法，使他們的願望得以實現。

「這就是我無所來處，去無所至，無礙無滯的三十二種妙淨應入國土之身。他們都是我於三昧中修習聞性和聞慧所獲得的無造作的神妙之力，所隨意自在成就的。」

原典

「世尊，若諸菩薩，入三摩地，進修無漏，勝解現圓，我現佛身，而爲說法，令其解脫。

「若諸有學❶，寂靜妙明，勝妙現圓。我於彼前，現獨覺身，而爲說法，令其解脫。

「若諸有學，斷十二緣❷，緣斷勝性，勝妙現圓，我於彼前，現緣覺身，而爲說法，令其解脫。

「若諸有學，得四諦空❸，修道入滅，勝性現圓，我於彼前，現聲聞身，而爲說法，令其解脫。

「若諸衆生，欲心明悟，不犯欲塵，欲身清淨，我於彼前，現梵王❹身，而爲說法，令其解脫。

「若諸衆生，欲爲天主，統領諸天，我於彼前，現帝釋❺身，而爲說法，令其成就。

「若諸衆生，欲身自在，遊行十方，我於彼前，現自在天❻身，而爲說法，令其成就。

「若諸衆生，欲身自在，飛行虛空，我於彼前，現大自在天❼身，而爲說法，令其成就。

「若諸衆生，愛統鬼神，救護國土，我於彼前，現天大將軍❽身，而爲說法，令其成就。

「若諸衆生，愛統世界，保護衆生，我於彼前，現四天王身，而爲說法，令其成就。

「若諸衆生，愛生天宮，驅使鬼神，我於彼前，現四天王國太子❾身，而爲說法，令其成就。

「若諸衆生，樂爲人王，我於彼前現人王身，而爲說法，令其成就。

「若諸衆生，愛主族姓，世間推讓，我於彼前，現長者身，而爲說法，令其成就。

「若諸衆生，愛談名言❿，清淨自居，我於彼前，現居士⓫身，而爲說法，令其成就。

「若諸衆生，愛治國土，剖斷邦邑，我於彼前，現宰官身，而爲說法，令其成就。

「若諸衆生，愛諸數術⑫，攝衛自居，我於彼前，現婆羅門⑬身，而爲說法，令其成就。

「若有男子，好學出家，持諸戒律，我於彼前，現比丘身，而爲說法，令其成就。

「若有女人，好學出家，持諸禁戒，我於彼前，現比丘尼身，而爲說法，令其成就。

「若有男子，樂持五戒，我於彼前，現優婆塞身，而爲說法，令其成就。

「若有女子，五戒自居，我於彼前，現優婆夷身，而爲說法，令其成就。

「若有女人，內政⑭立身，以修家國，我於彼前，現女主身，及國夫人，命婦大家⑮，而爲說法，令其成就。

「若有衆生，不壞男根，我於彼前，現童男身，而爲說法，令其成就。

「若有處女，愛樂處身，不求侵暴，我於彼前，現童女身，而爲說法，令其成就。

「若有諸天，樂出天倫⑯，我現天身，而爲說法，令其成就。

「若有諸龍，樂出龍倫，我現龍身而爲說法，令其成就。

「若有藥叉⑰，樂度本倫，我於彼前，現藥叉身，而爲說法，令其成就。

「若乾闥婆⑱，樂脫其倫，我於彼前，現乾闥婆身，而爲說法，令其成就。

「若阿修羅，樂脫其倫，我於彼前，現阿修羅身，而爲說法，令其成就。

「若緊那羅，樂脫其倫，我於彼前，現緊那羅⑲身，而爲說法，令其成就。

「若摩呼羅伽，樂脫其倫，我於彼前，現摩呼羅伽⑳身，而爲說法，令其成就。

「若諸衆生，樂人修人，我現人身而爲說法，令其成就。

「若諸非人，有形無形，有想無想，樂度其倫，我於彼前，皆現其身，而爲說法，令其成就。

「是名妙淨三十二應入國土身，皆以三昧聞熏聞修，無作妙力，自在成就。」

注釋

❶**有學**：獲得小乘四果前三果的聖者謂之有學；第四果謂之無學，所謂「進趣修習，名爲有學；進趣圓滿，止息休習，名爲無學」（《法華玄贊》卷一）。小乘前三果稱須陀洹果（預流果）、斯陀含果（一來果）、阿那含果（不還果），第四果即阿羅漢果。

❷**十二緣**：即十二因緣，包括無明、行、識、名色、六處、觸、受、愛、取、有、生、

老死等十二個部分。佛教認爲，十二因緣的因果循環就如同「十二重城」一樣，使衆生永世在六道輪迴中受苦。

❸**四諦空**：四諦即苦、集、滅、道。苦是人生的基本內容，稱苦諦；貪愛所集之煩惱是苦的根源，稱集諦；佛教修行所要達到的目的就是斷滅一切苦的根源，稱滅諦；一切斷滅苦、集的正確的修行方法，如八正道稱道諦。明四諦眞理，入眞空寂滅的涅槃境地即四諦空。

❹**梵王**：即大梵天王，色界天之主。

❺**帝釋**：梵文云釋提桓因，即天帝，爲忉利天又譯曰三十三天之主，居須彌山頂，統領其他三十二天。

❻**自在天**：指欲界六天中的第六天，又稱他化自在天。

❼**大自在天**：在色界之頂，爲三千界之主，此天主名摩醯羅天，據説八臂三眼，騎白牛。

❽**大將軍**：指四大天王所統領的部將。據載四大天王麾下各有八大將軍。

❾**四天王國太子**：指四大天王之子。據載，四大天王各有九十一子。

❿**名言**：即眞實入理之言。

⑪**居士**：指居家修道之人。又有稱「多積賄貨，居業豐盈」者爲居士。

⑫**數術**：數，蓍策之數；術，思通造化，策謀奇妙者。數術即占卜星相一類的巫術及煉氣調神之法。

⑬**婆羅門**：梵文音譯，意譯曰淨行，淨志等。印度四種姓中的「最勝種姓」，主祭司。

⑭**內政**：古代稱妻妾爲內，守婦道，孝敬仁慈等稱內政。

⑮**命婦大家**：命，爲敕賜的爵位，命婦即有爵位的婦人；大家，大有德美廣博之意，大家者，德才兼備，堪爲人師的婦人。

⑯**天倫**：倫者類也，天倫即天類。

⑰**藥叉**：又名夜叉。屬鬼道，有三種，一在地上，一在虛空，一在天上。此鬼勇健、輕捷、秘密，能噉鬼傷人，歸依佛並護持佛法。爲八部衆之一衆。

⑱**乾闥婆**：意譯曰香神、嗅香、香陰等，爲天帝的俗樂之神，以香爲食。爲八部衆之一衆。

⑲**緊那羅**：意譯作非人，即似人又並非人，故名。爲帝釋的樂神，爲八部衆之一衆。

⑳**摩呼羅伽**：譯爲大莽神，又稱地龍，亦爲八部衆之一衆。

7卷七（節選）

譯文

「阿難，你問如何使散亂之心統攝爲一？我現在先向你說入三摩地的修學妙門。如果要求得菩薩之道，首先要執持上述的四種律儀（指斷淫、斷殺、斷盜、斷妄）。持此四種律儀就可使身心皎潔如同冰霜，自然不能生出種種枝葉；三種心業、四種口業也就必然沒有了產生的原因。

「阿難，如果這四種律儀，每一種都沒有遺留的完全作到了，那麼，心尚且不攀緣色、香、味、觸等塵境，一切魔事怎麼能產生呢？如果日久所積的惑業種習，一時難以除掉，你要教導這種人，一心一意誦念我的佛頂光明摩訶薩怛多般怛羅無上神咒。這是如來最妙最尊的無見頂相，是無爲心中所現的佛的心印，是佛從頂上發出的光輝，是佛坐在寶蓮花中所說的心咒。你在過去世中，與摩登伽所經歷的數劫因緣，恩愛習氣，並不是一生或一劫中形成的，然而一聽到我宣說此咒，就能永遠脫離愛心而成就阿羅漢果。那個摩登伽是一個淫女，而且沒有發心修行，尚且可以在此咒神力的暗助下迅速的得證無須再行修學的阿羅漢果，何況你們這些與會的聲聞乘中的修學之人，是已發心求證最上乘，決心成就佛果的人，還能有什麼艱難險阻可言？這就好比在順風中揚塵一樣太容易了。

原典

「阿難，汝問攝心❶，我今先說入三摩地修學妙門。求菩薩道要先持此四種律儀，皎如冰霜，自不能生一切枝葉，心三口四❷，生必無因。

「阿難，如是四事，若不遺失，心尚不緣色、香、味、觸，一切魔事，云何發生？若有宿習，不能滅除，汝教是人，一心誦我佛頂光明摩訶薩怛多般怛羅無上神咒❸。斯是如來無見頂相❹，無為心佛❺，從頂發輝，坐寶蓮華所說心咒。且汝宿世與摩登伽歷劫因緣，恩愛習氣，非是一生及與一劫，我一宣揚，愛心永脫，成阿羅漢。彼尚淫女，無心修行，神力冥資，速證無學，云何汝等在會聲聞求最上乘，決定成佛，譬如以塵揚於順風，有何艱險？

注釋

❶**攝心**：使散亂之心統攝爲一。

❷**心三口四**：指三種心業：貪、瞋、癡；四種口業：綺語、惡口、兩舌、妄語。

❸**佛頂光明摩訶薩怛多般怛羅無上神咒**：摩訶薩怛多般怛羅，譯曰大白傘蓋，意爲斷絶一切妄塵，清淨無染，並蔭覆一切衆生。咒名全句指出，此咒爲最妙最尊，能使一切衆生成就佛果。

❹**無見頂相**：佛三十二相中的肉髻相，此相中有一切人都無法見到的頂點，稱無見頂相。

❺**無爲心佛**：無造作，無生、住、異、滅四相曰無爲，佛教以此爲眞理，涅槃、實性等皆無爲的異名。無爲心佛，即此佛是從如來的無爲心中所顯。

譯文

「如果到了末法時期，有想作道場者，首先應當持比丘的清淨禁戒，並且要選擇以持清淨戒第一著稱的沙門爲師。如果其人遇不上眞清淨僧，他所持的禁戒律儀就必定不能成就。

「在成就禁戒之後，穿上新的清潔的衣服，在一個靜室之中，先點燃香，默默地誦念此心佛所說的神咒一百零八遍，然後結界，建立道場。這時，求現在已經在十方國土中的無上如來，從大悲心中放大光輝來灌其頂。

「阿難，在末世中的這些想作道場的清淨比丘，以及比丘尼、白衣檀越，如果心中除滅了貪淫之欲，奉持佛的清淨戒律，在道場中發菩薩願，出入道場必行澡浴，一日六時都在進行修行。如此這樣，夜以繼日，經過三個七天，我自然現身於此人之前，摩其人之頂，安慰他，並使他開悟。」

阿難對佛說：「世尊，我蒙受如來無上的悲愍和教誨，心中已經開悟，已自知證得無學阿羅漢道果。但是，在末法時期，如果修行建立道場，什麼樣的結界才符合佛世尊的清淨軌則？」

佛告訴阿難：「如果末世之人，願意建立道場，先應尋求雪山上的大力白牛，並讓它吃雪山上肥膩的香草。這種牛只飲雪山上的清水，它的糞便又微且細。可取其糞與旃檀和合成泥，以這種泥塗在道場的地上。如果不是雪山上的牛，其糞臭穢，是不能用來塗地的。如果是平原上，要挖開地皮五尺以下，取出其中的黃土；然後把旃檀、沉水、蘇合、熏陸、鬱金、白膠、青木、零陵、甘松及雞舌香等十種香料合在一起，用細羅作成細粉，再與黃土和合成泥，以塗道場之地，築成方和圓直徑都爲一丈六尺的八角形的壇。

「在壇心放置一個用金，或銀、銅、木作成的蓮華；在蓮華中安放一個鉢；在鉢中先盛上八月的露水，在水中隨處安揷所有的華葉。再取八面圓鏡，安放在八角壇的八個方面，讓它們圍繞著華鉢。在八面圓鏡之外，再建立十六個蓮花和十六個香爐，把它們一個香爐、一個蓮花的舖設開來，用蓮華以莊嚴香爐。再用香爐純燒沉水，但不能讓火外露出來。

「取白牛的乳，放入十六個器皿中，把牛乳作成煎餅，煎餅以及砂糖、油餅、乳糜、蘇合、蜜薑、純酥、及果子、飲食、葡萄、石蜜種種上好殊妙等十六種，圍繞地放置於蓮華外，以供奉諸佛及大菩薩。這是每日進食時的供奉。如果是在夜間，則要取蜜半升，再加上酥三合。另外在壇前安放一個小的火爐，煎兜樓婆香以取香水，用香水浸泡燒炭，點燃燒炭並令其猛烈的燃燒，將酥和蜜投入燃燒的爐火之中，一直燒到煙盡之時，以此享祭佛和菩薩。

「在壇室的四周，懸掛幡華。在壇室的四壁之上，張掛十方如來及諸菩薩所有的形象。在面南向陽的正面中央，應張掛盧舍那、釋迦、彌勒、阿閦、彌陀諸大變化相；觀音和金剛藏二菩薩的形象，安放在諸佛的左右方；帝釋、梵王、烏芻瑟摩以及藍地迦、諸軍荼利與毗俱胝、四天王等、頻那夜迦，張貼於門的左右兩側。

「再取八面鏡子懸掛在壇室的虛空之中，使之與壇場中所安放的八面鏡子，面面相對，使他們的影子相互重重映入鏡中。

「在第一個七天中，要至誠的頂禮十方如來、諸大菩薩和阿羅漢的名號，在一日的六時之中，每一時都要始終如一不停歇地圍壇誦咒，至心進行修行，每一時中要圍壇誦咒一百零八遍。

「在第二個七天中，要心無間斷地專心發菩薩願。我在毗奈耶中已先有關於願的言教。

「在第三個七天中，從一開始就要在十二時中一直持誦佛般怛羅咒。當到了第七天時，十方如來就會同時出現在鏡子的交光之處。這時在受到佛的摩頂之後，即在道場之中修三摩地，能使此末法之世的修學之人，身心明淨，就如同琉璃一樣。

「阿難，如果此比丘，他原本的受戒之師及受戒時與會的十比丘中，有一人的戒根不清淨的話，如上所述的道場大多是不能成就的。

「從第三個七天之後，修學之人就要進入端坐安居階段。經過一百天的打坐，有利根者，在打坐還沒有完了，就已得到了須陀洹果。縱然剛剛入流，未成聖果，然而已肯定地自知成佛已是必然之道。你所問的建立道場的事就是這樣的。」

阿難在頂禮佛足之後對佛說：「自從我出家以來，自恃有佛的憍愛，只求多聞，而未能去修證無為，遂遭受彼梵天邪術的禁制，在當時心裡是明白的，但自己無力支配自己，失去了自由。幸好遇上文殊，才使我得到解脫。我雖蒙受如來佛頂神咒的解救，暗中獲得它的力量，但未曾親耳親聞。唯願大慈的世尊，再為我等宣說此咒，以大悲之心救度此會中我輩這些修行之人，並將這種大悲之心惠及於在輪迴中受苦的未來的衆生，使他們承受佛的密音，身心都得到解脫。」

是時，世尊從肉髻中，涌發出百寶光，從百寶光中涌現出千葉蓮花，有化身如來坐在蓮花之中，如來頂上放射出十道百寶光明，一一光明之中皆遍顯十恆河沙金剛密迹。這些天神個個擎山持杵，佈滿在虛空之中。與會大衆，仰觀天上的情景，既畏懼又愛慕，懷著這兩種心情，求佛哀憐護祐，一心專注於佛的無見頂相，聽放光如來宣說神咒。

原典

「若有末世，欲坐道場，先持比丘清淨禁戒❶，要當選擇戒清淨者第一沙門，以爲其師。若其不遇眞清淨僧，汝戒律儀必不成就。

「戒成已後，著新淨衣，然香閒居，誦此心佛所說神咒一百八遍，然後結界建立道場。求於十方現住國土無上如來，放大悲光，來灌其頂❷。

「阿難，如是末世清淨比丘，若比丘尼、白衣檀越❸，心滅貪淫，持佛淨戒，於道場中發菩薩願，出入澡浴，六時行道。如是不寐，經三七日，我自現身至其人前，摩頂安慰，令其開悟。」

阿難白佛言：「世尊，我蒙如來無上悲誨，心已開悟，自知修證無學道成。末法修行，建立道場，云何結界合佛世尊清淨軌則？」

佛告阿難：「若末世人，願立道場，先取雪山大力白牛，食其山中肥膩香草。此牛唯飲雪山清水，其糞微細，可取其糞，和合旃檀❹，以泥其地。若非雪山，其牛臭穢，不堪塗地。別於平原，穿去地皮五尺已下，取其黃土，和上旃檀、沉水、蘇合、薰陸、鬱金、白膠、青木、零陵、甘松及雞舌香，以此十種細羅爲粉，合土成泥，以塗場地，方圓丈六，爲八角壇。

「壇心置一金、銀、銅、木所造蓮華，華中安鉢，鉢中先盛八月露水，水中隨安所有華葉。取八圓鏡，各安其方，圍繞華鉢。鏡外建立十六蓮華、十六香鑪，間華鋪設，莊嚴香鑪，純燒沉水，無令見火。

「取白牛乳，置十六器，乳爲煎餅，並諸砂糖、油餅、乳糜、蘇合、蜜薑、純酥、純蜜及諸果子、飲食、葡萄、石蜜種種上妙等食，於蓮華外，各各十六，圍繞華外，以奉諸佛及大菩薩。每以食時，若在中夜，取蜜半升，用酥三合，壇前別安一小火爐，以兜樓婆香❺，煎取香水，沐浴其炭，然令猛熾，投是酥蜜於炎爐內，燒令煙盡，享佛菩薩。

「令其四外，遍懸幡華於壇室中，四壁敷設十方如來及諸菩薩所有形像。應於當陽張盧舍那❻、釋迦❼、彌勒❽、阿閦❾、彌陀❿諸大變化，觀音形像，兼金剛藏⓫，安其左右；帝釋、梵王、烏芻瑟摩⓬、並藍地迦⓭、諸軍茶利⓮、與毗俱胝⓯四天王等，頻那夜迦⓰，張於門側，左右安置。

「又取八鏡，覆懸虛空，與壇場中所安之鏡，方面相對，使其形影重重相涉。

「於初七中，至誠頂禮十方如來，諸大菩薩、阿羅漢號。恆於六時，誦咒圍壇，至心行道，一時常行一百八遍。

「第二七中，一向專心發菩薩願，心無間斷，我毗奈耶⓱先有願教。

「第三七中，於十二時，一向持佛般怛羅咒。至第四七日，十方如來一時出現鏡交光處。承佛摩頂，即於道場，修三摩地，能令如是末世修學，身心明淨，猶如琉璃。

「阿難，若此比丘，本受戒師及同會中十比丘等，其中有一不清淨者，如是道場多不成就。

「從三七後，端坐安居，經一百日，有利根⓲者，不起於座，得須陀洹。縱其身心，聖果未成，決定自知成佛不謬。汝問道場建立如是。」

阿難頂禮佛足而白佛言：「自我出家，恃佛憍愛，求多聞故，未證無爲，遭彼梵天邪術所禁，心雖明了，力不自由，賴遇文殊，令我解脫。雖蒙如來佛頂神咒，冥獲其力，尚未親聞。惟願大慈，重爲宣說，悲救此會諸修行輩，末及當來在輪迴者，承佛密音，身意解脫。」於時會中一切大衆，普皆作禮，佇聞如來秘密章句。

爾時，世尊從肉髻中，涌百寶光，光中涌出千葉寶蓮。有化如來，坐寶華中，頂放十道百寶光明，一一光明皆遍示現十恆河沙。金剛密迹⑲，擎山持杵，遍虛空界。大衆仰觀，畏愛兼抱，求佛哀祐，一心聽佛無見頂相放光如來宣說神咒。

注釋

❶**比丘清淨禁戒**：即戒淫、殺、盜、妄四種律儀。

❷**灌其頂**：古天竺風俗，國王即位要用四海之水灌其頂以表示祝賀。佛教密教借此意也行灌頂儀式。按內容說分傳法灌頂和結緣灌頂兩種；按形式說分爲摩頂灌頂、放光灌頂、授記灌頂幾種。

❸**白衣檀越**：白衣即在家人；檀越即施主。

❹**旃檀**：一種香木，出自南印度。

❺**兜羅婆香**：一種香料，又稱苜蓿香。

❻**盧舍那**：三身佛中的報身佛之稱，又稱受用身，譯曰淨滿，或光明遍照。

❼**釋迦**：即釋迦牟尼佛，三身佛中的應身佛。

❽**彌勒**：意譯曰慈氏，又稱補處佛，即釋迦牟尼佛滅後，將有彌勒繼承佛位。佛經稱：佛入滅後，彌勒出生在兜率天內院，經五十六億七千萬年下生人間，於華林園龍華樹下成正覺，因此又稱未來佛。

❾**阿閦**：佛名，全稱阿閦鞞，譯曰不動、無動、無瞋恚。成佛號東方，其國土名善快。

❿**彌陀**：即阿彌陀佛之略，譯曰無量，故又稱無量壽佛，是佛如來的一種稱號。彼佛光明無量，照十方國無所障礙。

⓫**金剛藏**：菩薩名。此菩薩形象爲忿怒身，或持金剛杵以伏惡魔。

⓬**烏芻瑟摩**：譯曰不淨潔、穢跡、火頭等。爲金剛名，稱火頭金剛或不淨潔金剛。

⓭**藍地迦**：即青面金剛，一身四手，身青色。

⓮**軍茶利**：即軍茶利金剛，此金剛八臂，作忿怒形。

⑮**毗俱胝**：又稱毗俱胝天女、毗俱胝觀音，爲八大觀音之一。此天女三目四手，現忿怒形。

⑯**頻那夜迦**：鬼神名，即歡喜天，此神顯夫婦二身相抱，象頭人身像。

⑰**毗奈耶**：即律藏。

⑱**利根**：利，銳利；根即根器。利根，即能夠迅速理解佛理的根器。

⑲**金剛密迹**：夜叉神總名，又稱密迹力士。此神手持金剛，常親近佛，能聞佛秘密事跡故名。

8卷八（節選）

譯文

「阿難，如此這樣的每一類衆生（指上卷所講卵生、胎生、濕生、化生等十二類衆生）它們各各都具有十二種顛倒妄相。這就猶如用手揑目，眼前產生種種狂亂華相一樣，妙圓眞淨明心被顛倒了，從而具足了如此這樣的虛妄亂想。你如今修證佛三摩地，對於如上所述的本來具足的虛妄亂想，只有先立三漸次才能得到除滅。就如同一個原來乾淨的容器，後來盛了毒蜜，要除去毒蜜，必須先用熱滾的水，同時加上灰及香料一起洗滌，才能洗淨，然後貯存甘露。

「什麼是三種漸次？一者是通過修行除其助惡的因緣；二是通過眞修刳其惡業的正性；三者是在前二者的基礎上進一步增進修行，徹底遠離和棄捨根塵現業。

「什麼是助惡的因緣？阿難，在我們眼前這樣的世界中的十二類衆生，都是不能自己保全自己的生命的，都是要依靠四種食而得以存在，這就是所謂的段食、觸食、思食、識食。因此佛說：「一切衆生都是依賴食而存在。阿難，一切衆生食甘甜的食品而生存，食有毒的食品而死亡，正因爲這樣，衆生在求三摩地時，應當斷除世間五種辛菜。這五種辛菜，熟食生淫欲、生食增瞋恚。在這個世界中，食辛菜之人，縱然能夠宣說十二部經，十方天仙因嫌其臭穢也都要遠離他；各種惡鬼，因其人食用辛菜而來舐他的嘴唇，與其接吻。因此其人常常與鬼同住，福德一天天銷解而永久得不到利益。這種食辛菜之人修三摩地，菩薩、天仙及十方善神都不來護佑，而大力魔王則乘此方便之機化作佛身，爲其說法，誹謗禁戒，讚賞淫怒癡諸惡行。其命終之後，自然成爲魔王的眷屬，在其享盡魔福之後將墮入無間地獄之中。

「阿難，修菩提之人應永遠斷除五辛，這就是所說的第一個增進修行漸次。

「什麼是刳其惡業的正性？阿難，入三摩地要首先嚴格執持清淨戒律，永遠斷除淫心，不食酒肉。用火燒煮乾淨的食物，不食任何帶生氣的食品。阿難，如果修行之人，不斷除淫欲，甚至殺人，要想出離三界是不可能的。

「如果此修行人，當他看到淫欲行爲時就像看到了毒蛇；就像看到怨賊那樣，因此首先當修持聲聞四棄、八棄，使身不爲任何外物所動；然後行菩薩清淨律儀，使心不爲任何外物所動。這樣，他就成就了禁戒。一旦禁戒成就，則此世間就永遠沒有了因淫欲而相生，因殺生而相互殘殺的業行；因爲沒有了偷盜行爲，也就沒有了相互負債的牽累，生在世間也就無須償還宿債。這樣的清淨之人修三摩地，即以父母所生的身無須假借天眼就可以自然的觀看到十方世界，親自耳聞目睹佛法，並能親奉佛的聖旨，得大神通，遊歷十方世界。此時，生死宿命清淨，再也沒有艱難惡道。這就是所說的第二增進修行漸次。

「什麼是現業？阿難，如是這樣清淨持禁戒之人，因爲心中沒有貪淫之欲，因而不流念於外界六塵；因不流念於外塵，清淨之心返觀自身，從而不與塵境相緣。既然不與塵境相緣，六根也就沒有了與之相應的六塵。清淨之心返流歸於一性，六根之用也就不存在了。這樣，他們看到的十方國土皎然清淨，就好像琉璃中懸著一輪明月，身和心都處在一種十分暢快的感覺之中。覺和所覺都不存在了，一切都是一樣的圓妙周遍，從而獲得最大的平靜和安穩，一切如來的深藏不顯、遍及一切的智慧和清淨的不可思議之身都在其中顯現。這時，此修行之人也就獲得了無生法忍。由此再漸次修行，就會隨著其修行的深淺而獲得應該安立的聖位。這就是所說的第三增進修行漸次。」

原典

「阿難，如是衆生一一類中亦各各具十二顚倒，猶如揑目亂華發生，顚倒妙圓眞淨明心，具足如斯虛妄亂想。汝今修證佛三摩提，於是本因，元所亂想，立三漸次，方得除滅。如淨器中除去毒蜜，以諸湯水並雜灰香，洗滌其器，後貯甘露。

「云何名爲三種漸次？一者修習除其助因；二者眞修❶刳其正性❷；三者增進違其現業❸。

「云何助因？阿難，如是世界十二類生，不能自全，依四食住，所謂段食❹、觸食❺、思食❻、識食❼。是故佛說：一切衆生皆依食住。阿難，一切衆生，食甘故生，食毒故死。是諸衆生求三摩提，當斷世間五種辛菜❽。是五種辛，熟食發淫，生啖增恚。如是世界食辛之人，縱能宣說十二部經❾，十方天仙嫌其臭穢，咸皆遠離；諸惡鬼等，因彼食次，舐其唇吻。常與鬼住，福德日銷，長無利益。是食辛人修三摩地，菩薩、天仙、大方善神不來守護，大力魔王得其方便，現作佛身來爲說法，非毀禁戒，讚淫怒癡。命終自爲魔王眷屬，受魔福盡，墮無間獄。

「阿難，修菩提者永斷五辛，是則名爲第一增進修行漸次。

「云何正性？阿難，如是衆生入三摩地，要先嚴持清淨戒律，永斷淫心，不餐酒肉，以火淨食，無啖生氣。阿難，是修行人若不斷淫及與殺生，出三界者，無有是處。

「當觀淫欲猶如毒蛇，如見怨賊，先持聲聞四棄八棄❿，執身不動，後行菩薩清淨律儀⓫，執心不起。禁戒成就，則於世間永無相生、相殺之業；偷劫不行，無相負累，亦於世間，不還宿債。是清淨人，修三摩地，父母肉身，不須天眼⓬，自然觀見十方世界，睹佛聞法，親奉聖旨，得大神通，遊十方界。宿命清淨，得無艱險。是則名爲第二增進修行漸次。

「云何現業？阿難，如是清淨持禁戒人，心無貪淫，於外六塵，不多流逸。因不流逸，旋元自歸。塵既不緣，根無所偶。反流全一，六用不行。十方國土，皎然清淨。譬如琉璃，內懸明月，身心快然。妙圓平等，獲大安隱，一切如來密圓淨妙，皆現其中。是人即獲無生法忍。從是漸修，隨所發行，安立聖位。是則名爲第三增進修行漸次。」

注釋

❶**眞修**：指動靜不生，捨棄一切欲念的修行。

❷**正性**：指殺、盜、淫、妄這四種根本重罪，它們是諸惡的正性。

❸**現業**：即六根所用。六根流逸於外塵即名現業，如眼見色、耳聽聲、鼻嗅味等。

❹**段食**：指人世間的飲食，分段進餐，以維持生命。

❺**觸食**：指鬼神，以觸氣維持生命。

❻**思食**：指諸禪天，没有飲食之事，唯以禪思維持生命。

❼**識食**：指諸空天，此諸天只有識想，以識想爲食持續生命。

❽**五種辛菜**：指葱、蒜、韮、薤、興渠。

❾**十二部經**：指佛教的全部經典。在原始佛教時期，佛教把佛的不同形式和不同内容的說教分成十二大類，稱十二部經，即修多羅（契經）、祇夜（應頌）、伽陀（諷頌）、尼陀那（因緣）、伊帝目多（本事）、闍多伽（本生）、阿浮陀達磨（未曾有）、阿波陀那（譬喻）、優婆提舍（論義）、優陀那（自說）、毗佛略（方廣）、和伽羅（授

記）。

❿**四棄八棄**：四棄即四重罪，殺、淫、盜、妄。比丘犯此四重罪，將被佛法所拋棄，「猶如死屍，大海不受，故名爲棄」。八棄，即在四棄之上，比丘尼再加上摩觸（與異性接觸）、八事（握異性之手等）、覆藏犯戒比丘、隨順被舉比丘等四罪。

⓫**菩薩清淨律儀**：即大乘菩薩僧的戒律，又稱曰三聚淨戒。

⓬**天眼**：五眼之一，爲天趣之眼。

9卷九

譯文

「阿難，人世間的一切修心之人，如果不進行禪定的修行，就得不到智慧。修行者一旦能掌握自己，斷絕淫欲，無論在行進中，還是在靜處中都萬念俱無，從而不生愛欲，無意留居欲界。這樣的人應稱其身爲梵衆。如是一類名梵衆天。

「一切欲望及其習氣都除去了，離欲之心也就顯現出來。於是，對諸項律儀就不再感到是一種束縛而歡喜順從。這樣的人當此之時能行梵德。如是一類名梵輔天。

「身心不被任何欲念纏繞而妙靜圓通，嚴格依戒律生活而威儀堂堂，清淨戒身使其慧解過人。這樣的人當此之時能統治梵衆而爲大梵王。如是一類名大梵天。

「阿難，上述三種遠勝欲界行爲的修行，能離欲界一切苦惱，雖說不是正修眞三摩地，然而清淨的內心已使諸種欲界行業停止。這種境地名爲初禪。

「阿難，其次，在梵天中，統治梵衆，圓滿梵行，則清淨之心不動，不動則湛然發光。如是一類名少光天。

「此光增發，光光相然而成無數光，照耀十方而無盡頭，遍成一琉璃世界。如是一類名無量光天。

「吸取這無盡之光以成就音聲。此音聲宣示清淨梵行，其梵行妙用無窮。如是一類名光音天。

「阿難，上述三種勝行，能解脫一切憂愁而得喜樂，雖然不是正修三摩地，但清淨心中已降服了一切欲界煩惱。這種境地名為二禪。

「阿難，如此一類的天人，已吸取無量之光而成就音聲之教。此音聲之教顯示妙理，此妙理引發成妙行，使喜樂之情消失而通向靜寂的狀態。如是一類名少淨天。

「當此寂淨的空相一旦成就，進而向無量無邊擴展。此時身心內外安樂，使寂滅之樂成就。如是一類名無量淨天。

「整個世界及身心無不處在淨樂之中，淨德由此成就。這樣，整個身心就有了一個清淨極樂的歸宿。如是一類名遍淨天。

「阿難，上述三種勝行，使身心獲得自由而自在受用，雖然不是正修眞三摩地，但安穩的心中俱備了一切妙樂。此種境地名爲三禪。

「阿難，再次，上述天人脫離了苦惱和憂愁，故沒有了產生苦的根源。然而，妙樂並不是永存的，樂久了就要壞滅。當苦樂二心一起捨棄之時，世間一切苦和樂的境界就消滅了，隨之，淨福之性就產生了。如是一類名福生天。

「此捨苦樂之心與定心圓融爲一體，產生清淨的勝解之力，所得之福也因此無遮無障，永住心中，受用無窮。如是一類名福愛天。

「阿難，從福愛天中分成兩條歧路：

「如果從初發心以來，從無量天、淨光天徑直修證福德，福愛更增。如是一類名廣果天。

「如果於初心以來就厭棄苦樂而精研捨棄苦樂之心，持續不斷地窮究捨棄之道，從而使身心皆滅，心思緣慮像寒灰凝然，由此定力加持，形體可經五百劫。是人既然一味執著於生滅之中，也就不能眞正認識不生不滅之性，其前半劫中無想而入滅境，而後半劫中有心而知生。如是一類名無想天。

「阿難，此四種勝行，爲一切世間諸種苦樂之境所不能動，雖然並不是眞正的無爲不動之境，但心捨苦樂，其功用亦屬純熟。這種境界名爲四禪。

原典

「阿難，世間一切所修心人，不假禪那，無有智慧。但能執身不行淫欲。若行若坐，想念俱無。愛染不生，無留欲界。是人應念身爲梵侶❶。如是一類，名梵衆天❷。

「欲習既除，離欲心現。於諸律儀，愛樂隨順。是人應時，能行梵德❸。如是一類，名梵輔天❹。

「身心妙圓，威儀不缺。清淨禁戒，加以明悟。是人應時能統梵衆，爲大梵王❺。如是一類，名大梵天。

「阿難，此三勝流❻，一切苦惱所不能逼。雖非正修眞三摩地，清淨心中，諸漏不動，名爲初禪。

「阿難，其次梵天，統攝梵天，圓滿梵行，澄心不動，寂湛生光。如是一類，名少光天❼。

「光光相然，照耀無盡。映十方界，遍成琉璃。如是一類，名無量光天❽。

「吸持圓光，成就教體。發化清淨，應用無盡。如是一類，名光音天⑨。

「阿難，此三勝流，一切憂懸⑩所不能逼。雖非正修眞三摩地，清淨心中，粗漏⑪已伏，名爲二禪⑫。

「阿難，如是天人，圓光成音，披音露妙，發成精行⑬，通寂滅樂。如是一類，名少淨天。

「淨空現前，引發無際。身心輕安，成寂滅樂。如是一類，名無量淨天。

「世界身心，一切圓淨⑭，淨德成就。勝託現前、歸寂滅樂。如是一類，名遍淨天。

「阿難，此三勝流，具大隨順⑮。身心安隱，得無量樂。雖非正得眞三摩地，安隱心中歡喜畢具，名爲三禪⑯。

「阿難，復次，天人不逼身心，苦因已盡。樂非常住，久必壞生。苦樂二心，俱時頓捨。粗重相滅，淨福性生。如是一類，名福生天。

「捨心圓融⑰，勝解清淨。福無遮中，得妙隨順，窮未來際⑱。如是一類，名福愛天。

「阿難，從是天中，有二歧路：

「若於先心無量淨光，福德圓明，修證而住。如是一類，名廣果天。

「若於先心，雙厭苦樂。精研捨心⑲，相續不斷，圓窮捨道。身心俱滅，心慮灰凝，經五百劫⑳。是人既以生滅爲因，不能發明不生滅性。初半劫滅，後半劫生。如是一類名無想天。

「阿難，此四勝流，一切世間諸苦樂境所不能動。雖非無爲眞不動地，有所得心，功用純熟名爲四禪㉑。

注釋

❶**梵侶**：梵爲梵文的音譯，意譯曰寂靜、清淨、離欲等。這裡的梵指梵天，是指超脫物質世界的清淨天國。梵侶即梵天之民。

❷**梵衆天**：天界分成許多等級，在色界有四禪天。初禪諸天分爲三級，最下一級的天衆稱梵衆天。

❸**梵德**：梵天天衆的德行，指斷除淫欲的清淨無欲的行爲。

❹**梵輔天**：色界初禪的第二天，此天人爲侍衛天王的輔臣。

❺**大梵王**：色界初禪的第三天，稱大梵天，此天天王即大梵王，又稱大梵天王，能統帥天衆。據說此天王稱尸棄。

❻**三勝流**：指色界三天遠勝欲界諸趣。

❼**少光天**：色界二禪中的第一天。

❽**無量光天**：色界二禪中的第二天。無量，意爲不可計量，比喻數量之大之多。

❾**光音天**：色界二禪中的第三天。此天人口絕音聲，以口中發光爲語言。

❿**憂懸**：指懸著的憂愁之心。

⓫**粗漏**：粗重的煩惱。

⓬**二禪**：色界四禪之二。此禪天的修行者已離初禪天中的憂懸之心，得喜樂受。

⓭**精行**：即清淨之行。

⓮**圓淨**：圓即圓滿周遍。圓淨，指寂靜遍滿一切。

⓯**大隨順**：信服而順從即爲隨順。此禪天信從淨樂，並託此以爲安身立命之處，故稱大隨順。

⓰**三禪**：色界四禪之三。此禪天中，修行者已獲安隱心，離二禪天的喜樂境地，得離喜

妙樂。

⑰**圓融**：圓者，周遍；融者，融通，即融通無礙意。

⑱**未來際**：指比福愛天更上層的天界。

⑲**捨心**：指捨去苦樂之心。

⑳**五百劫**：劫，梵文音譯劫簸之略，意譯長時。佛教的這一概念源於印度的婆羅門教，是一個時間很長的時間概念。一小劫約相當於人的壽命由十歲開始每百年增加一歲，增至八萬四千歲，即八十三萬九千九百九十年。再從八萬四千歲每百年減一歲，一直減至十歲。此一增一減爲一中劫。一大劫則包括成、住、壞、空四個時期，每個時期包括二十個中劫。此處所云五百劫指五百大劫。

㉑**四禪**：色界四禪之四。此禪定中修行者捨棄了三禪的妙樂而得到不苦不樂的感受。

譯文

「阿難，在此中間還有五不還天。於欲界中九品思惑習氣，已同時滅除，苦樂之境也雙雙忘卻，從而擺脫了欲界，在具有棄捨一切苦樂之心的同一類大衆中另安立居處。

「阿難，既然苦樂兩種境界均已消亡，心中自然平靜而無爭鬥。如是一類名無煩天。

「就像離弦的箭在空中獨自飛行，沒有任何固定的障礙與之相交。如是一類名無熱天。

「在十方世界之中，天眼妙見遍滿一切，更沒有塵世間的一切沉灰汙垢。如是一類名善見天。

「清澄圓妙之見既現眼前，就能陶冶熔化而隨心顯現。如是一類名善現天。

「窮盡一切細微之處，洞察一切微細色體，而入於無邊無際之中。如是一類名色究竟天。

「阿難，此五種不還天，那些四禪四位中的天王只是聽到它們的嘉名，而無法親自體悟和依止其間。就如同人世間曠野深山中的聖道場地，世間凡夫也只是聽說，而不能知見一樣。

「阿難，如上十八天都是禪定善思所得，並沒有情欲所對，並沒有完全擺脫形色，自此以前，名爲色界。

「阿難，其次，從這個畢竟有界限的色邊界中，還有兩種不同的路：

「如果於此捨心而產生智慧，其智慧之光圓滿，頓斷煩惱，出塵世而成大阿羅漢，入菩薩乘。如是一類名爲迴心大阿羅漢。

「如果修行者在此捨心之中已厭惡色塵，覺知自身已爲障礙，故修智觀，破色入空，如是一類名爲空處。

「諸色相既已消亡，自在融通而爲一體，空處亦無，其中只留下了阿賴耶識及末那識中觀察識的那微細的一半。如是一類名爲識處。

「色與空既然消亡了，識心也都停止了活動，十方世界一無所有，一片寂靜，既沒有來，也沒有去。如是一類名無所有處。

「識心雖不活動，但識性猶存，只是深藏不動而已，不動則窮研之心不存。於此不動的識性之中，而想使識性發揮作用，這就像一件失去作用的物件，說它存在，實際上與不存在是一樣的；說它消滅了，實際上還存在著。如是一類名非想非非想處。

「如是等等通過心境的消亡而使心境俱空的修行，並沒有窮盡空理，從不還天修習聖道而窮盡的這一類，名不迴心鈍阿羅漢。如果從無想天等諸外道天說，其一味只追逐空境而不是歸心於聖道，執著於擺脫生滅的原因而孤陋寡聞，必然墮入生死輪迴之中。

「阿難，上述諸天的各各天人，都是人間凡人所作種種行爲的報應，是這種報應的結果所給他們確定的在六道中的地位。諸天天王即是菩薩，以修三摩地爲目的，以便漸次增進，最後走向成佛之路。

「阿難，上述四空天，身心盡滅而顯出禪定之結果。身心俱滅歸依于空而永絕業果，從此而至終了，是名無色界。

「上述諸天還沒有最後明了妙覺明心，都是積妄識而發生。妄識有三界，在此妄識中間，諸天不可避免的隨著七趣在生死中輪轉。諸天各有其身，即補特伽羅，各隨所造的行業在同類中受生。

「其次，阿難，在這三界之中，還有四種阿修羅。如果前身在鬼道，因爲發心護持佛法的原因，而在死後乘神通力而入空。這一類阿修羅爲卵生，與鬼道相類。如果其前身爲天道，因爲其行業有損于在天之德而在死後遭貶，墜入下界，其所居之地，與日月爲鄰。這一類阿修羅爲胎生，與人道相類。還有一類阿修羅王，能執掌世界，禍福人間，他的威力通徹諸天而無所畏懼，能與梵王及天帝釋、四天戰鬥，爭奪統治天下之權。阿難，另外還有一類低劣的阿修羅，他們生在大海中心，生活於沉水穴口；清晨遨遊在太空之中，夜暮則歸于水中棲宿。這一類阿修羅，借濕氣而生，與畜生相類。

「阿難，這就是地獄、餓鬼、畜生、人及神仙，天以及阿修羅。精細地研究這七種衆生不同的歸宿，可以知道他們都是昏昧的造作之相，都是在妄想中生成，是妄想所造成的業果。對于妙圓明覺本心來說，他們如同虛空中的空花，本無所有。他們都是幻化之相，哪裡有根緒可尋。

「阿難，如此這等衆生，不識本心而受輪迴之苦，在無量劫中不得了悟眞淨，都是由於順從了殺、淫、盜這三種惡行而造成的。而與此相反又產生了不殺、不淫、不盜這三種善行。有三惡行則名鬼倫，無三惡行而稱天道。鬼倫和天道互相傾奪，沒有盡期，從而形成輪迴之性。

「如果得三摩提妙定，則精妙眞常之性寂靜，生死和有無俱滅，從而超脫生死的涅槃亦滅。此時，不殺、不偷、不淫諸善行已經不存在了，更談不上去進行殺、盜、淫等惡行。

「阿難，不斷除三惡行，則衆生就在各自造作三惡行業。而各衆生所造作的三惡行業又大同小異。而這些大體相同的惡行所得到的業果是相同的，它們都是妄想所產生的虛幻的假相，畢竟沒有自體，自然無法尋究。你在努力修行，想證得菩提正覺，就要斷除三惑。三惑不能盡除，既使獲得了神通之力，也都是世間有所造作的修行，三惑一類的習氣不能盡滅，最終只能落入魔道。這種修行從主觀願望上是想除掉妄識，實際上是枉費功力而倍增虛僞。這種修行者就是如來所說的可哀憐之人。這種情況完全是咎由自取，並不是菩提之過。我的這些道理名爲正說，如果有另外的說法就是魔王之說。」

原典

「阿難，此中復有五不還天❶。於下界中九品❷習氣，俱時滅盡。苦樂雙忘，下無卜居。故於捨心衆同分中，安立居處。

「阿難，苦樂兩滅，鬥心不交。如是一類，名無煩天。

「機括❸獨行，研交無地。如是一類，名無熱天❹。

「十方世界，妙見圓澄。更無塵象一切沈垢。如是一類，名善見天❺。

「精見現前，陶鑄無礙❻。如是一類，名善現天❼。

「究竟群幾❽，窮色性性❾，入無邊際。如是一類，名色究竟天。

「阿難，此不還天。彼諸四禪四位天王，獨有欽聞，不能知見。如今世間曠野深山，聖道場地，皆阿羅漢所住持故，世間粗人所不能見。

「阿難，是十八天，獨行無交，未盡形累。自此已還，名爲色界。

「復次阿難，從是有頂色邊際中，其間復有二種歧路：

「若於捨心發明智慧，慧光圓通，便出塵界，成阿羅漢，入菩薩乘。如是一類，名爲回心❿大阿羅漢。

「若在捨心，捨厭成就。覺身爲礙，銷礙入空。如是一類，名爲空處。

「諸礙既銷，無礙無滅。其中惟留阿賴耶識⓫，全於末那⓬，半分微細。如是一類，名爲識處。

「空色既亡，識心都滅。十方寂然，迥無攸往。如是一類，名無所有處。

「識性不動，以滅窮研，於無盡中，發宣盡性。如存不存，若盡非盡。如是一類，名爲非想非非想處⑬。

「此等窮空，不盡空理，從不還天聖道窮者。如是一類，名不迴心鈍阿羅漢。若從無想諸外道天，窮空不歸，迷漏無聞，便入輪轉。

「阿難，是諸天上各各天人，則是凡夫業果酬答，答盡入輪。彼之天王，即是菩薩，遊三摩地，漸次增進，回向聖倫所修行路。

「阿難，是四空天，身心滅盡，定性現前，無業果色⑭。從此逮終，名無色界⑮。

「此皆不了妙覺明心，積妄發生。妄有三界，中間妄隨七趣⑯沈溺，補特伽羅⑰，各從其類。

「復次阿難，是三界中，復有四種阿修羅⑱類。若於鬼道，以護法力，乘通入空。此阿修羅從卵而生，鬼趣所攝。若於天中，降德貶墜。其所卜居，鄰於日月。此阿修羅，從胎而出，人趣所攝。有修羅王，執持世界，力洞無畏，能與梵王及天帝釋四天爭權。此阿修羅，因變化有，天趣所攝。阿難，別有一分下劣修羅，生大海心，沈水穴口；旦遊虛空，暮歸水宿。此阿修羅因濕氣有，畜生趣攝。

「阿難，如是地獄、餓鬼、畜生、人及神仙、天洎修羅。精研七趣，皆是昏沈諸有爲相。妄想受生，妄想隨業。於妙圓明無作本心，皆如空華，元無所著。但一虛妄，更無根緒。

「阿難，此等衆生，不識本心，受此輪迴。經無量劫，不得眞淨，皆由隨順殺盜淫故。反此三種，又則出生無殺盜淫。有名鬼倫，無名天趣。有無相傾，起輪迴性。

「若得妙發三摩提者，則妙常寂。有無二無，無二亦滅。尚無不殺、不偷、不淫，云何更隨殺盜淫事？

「阿難，不斷三業，各各有私。因各各私，衆私同分，非無定處。自妄發生，生妄無因，無可尋究。汝勖修行，欲得菩提，要除三惑[19]。不盡三惑，縱得神通，皆是世間有爲功用。習氣不滅，落於魔道。雖欲除妄，倍加虛僞。如來說爲可哀憐者。汝妄自造，非菩提咎。作是說者，名爲正說，若他說者，即魔王說。」

注釋

❶**五不還天**：五不還天又稱五淨居。此天人已成就不復欲界受生的不還果，爲離欲之淨身。

❷**下界中九品**：佛教把三界分爲九地，即欲界、四禪及四無色，而每一地又分爲九品煩惱，共八十一品。下界九品指欲界的九品煩惱，分有三品即下上品、下中品、下下品，每品又各有三品總有九品，而每品有貪、瞋、慢、無明等四種修惑。

❸**機括**：機，箭上的發動機關，所謂「弩牙」。括，箭的末端，所謂「括而羽之」。

❹**無熱天**：五不還天之一，在色界四禪。輕微的煩惱曰熱，此天離諸熱惱，意地清涼。

❺**善見天**：五不還天之二，此天定體清徹，善於鑑照。

❻**陶鑄無礙**：陶，燒瓦；鑄，鎔金。此表明清徹之見如同陶鑄那樣自在通達。

❼**善現天**：五不還天之三，此天現善妙之果報。

❽**群幾**：一切極其微細的有形和無形之物。

❾**窮色性性**：窮盡一切極微細的體性。

⑩**回心**：回轉心而由邪入正。

⑪**阿賴耶識**：梵文音譯，意譯爲藏識。佛教大乘唯識學把人的主觀認識能力分爲八識，即眼、耳、鼻、舌、身、意、末那、阿賴耶。阿賴耶爲第八識，是前七識的總依據，是八識中起主導地位的，主心的作用，它的特點是「動而無爲」。

⑫**末那**：梵文音譯，八識中的第七識，其特點是不停頓地思慮，所謂「恆審思量」。它位於六識與阿賴耶之間，經過一定的修行可從「我執我相」轉依爲「審思量無我相」。它與阿賴耶一起爲其他六識產生的根據。

⑬**非想非非想處**：無色界第四天，諸天最勝者。非想即非有想，非非想即非無想。

⑭**無業果色**：業果，即善惡業因所得的人天等六道果報。無業果色，即永絕業果。

⑮**無色界**：三界之一，此界無一可謂爲色法的物質，只有識心居於深妙的禪定之中。

⑯**七趣**：佛教一般講六趣，此處七趣指地獄、餓鬼、畜生、人、神仙、天、阿修羅。

⑰**補特伽羅**：與佛教中的我的概念同，但這個我不是我身，而是在諸趣中受生不息的我，故意譯曰數取趣。它指的是在六趣中生死輪迴的主體，類似於人的靈魂，因此認爲它不是實有，是假設的有。

⑱**阿修羅**：六趣之一，梵文的音譯，意譯曰非天，是古印度神話中的一種似天非天的兇神。

⑲**三惑**：惑，煩惱的總稱，與無明等義相近，指不懂佛教的道理而迷惑於認識的對象，是業報輪迴的本因。此處三惑即指殺、盜、淫。

譯文

此時，如來將要結束法座，於是在師子座上，手抓著七寶几，迴轉如紫金山一般的丈六金身，然後又回過頭來，背靠著几上對大衆及阿難說：「你們這些有待修學的聲聞、緣覺二衆，今天已心向大菩提無上妙覺。我現在已演說了眞正的修行方法，你們仍然不能認識，還修奢摩他、毗婆舍那一類微末細小的魔事。而邪魔境界已經顯現在眼前，你們還是不能認識，因此不能改邪歸正而落入邪見的地步。或者像你一樣還處在初心階段，而仍然糾纏在色陰之中；或者上升而成天魔；或者執著於鬼神之道；或者遭到魑魅的下場。只因心中不明而誤認魔道爲聖道，這就是認賊爲子。另外，在這些修行之中還有以少爲滿足者，如第四禪無想天中的無聞比丘。他們不識諸禪依然處在三界的地位，妄言已證得聖道，以爲已離三界，而不再進修，顯出疲衰之相，進而誹謗阿羅漢。這些修行者，其來生必墮阿鼻地獄。你認眞的聽著，我現在爲你仔細地講說其中的道理。」阿難從座位上起立，與法會中的諸學子一起，高興的向佛禮拜，傾聽佛慈父般的教誨。

佛對阿難及諸大衆說：「你們應當知道，在充滿煩惱的世界中一切有生死的十二類衆生，本是覺妙明覺圓心之體，與十方諸佛沒有區別。只是由於你們愚昧的妄想而迷失了眞常之理，使癡愛發生，產生妄識，所以有空性生起。這種妄識不息滅，就幻生出今日之世界，那麼此十方微塵國土就不再是沒有煩惱的佛國淨土，而是迷頑妄想所生。應當知道，虛空是產生在你的心中，就如同一片雲彩飄在太空之中，很快就要消失，而處在虛空之中的十方世界何以不是如此呢？你們之中如果有一人破除妄識而歸於妙覺本心，則此十方虛空就將化爲烏有，爲什麼虛空中所有的國土而不因此受到震裂呢？

「你們修習禪行，護持三摩地，必然與十方菩薩及諸已斷除煩惱的大阿羅漢的聖心融爲一體，湛然相通而沒有區別。一切魔王以及鬼神，一切凡夫天，當見到他們的宮殿無故崩裂，見到大地震動，水陸飛騰，沒有不驚奇而恐懼的，惟下界凡夫昏昧無智，不知道這是修行之人證得聖心的結果，還以爲是大地中陰陽失調而出現的變遷。而那些已經得到五種神通，除了那些達到盡除煩惱的聖者以外，鬼神以及諸天魔、魍魎、妖精等則留戀在塵界中已獲得的權力和住所，怎麼可能讓你們來摧毀他們的住處呢？因此就必然要千方百計地破壞你們的修行，在你們修行三昧之時一起前來進行擾亂。然而，諸魔縱有神通，且大發雷霆，但他們畢竟處在塵世，比起處在湛然妙覺中的你們則渺小的很。他們的擾亂就如同風吹陽光，用刀斷水一樣，對你們的定心毫無損傷。你們就如同煮沸的熱水，而他們則像堅固的冰塊，熱氣一旦接近，用不了多久就將融化的一無所剩。諸魔徒有神力，只不過是客人而已，不會久長。

「然而，諸魔的破壞能否得手，則完全在於你等心中尙處在五陰中的主人。主人如果仍然迷於妄識，不能自守，客人就有可乘之機。如果主人正處在禪定之中，對諸魔的用心了如指掌，那麼諸魔的魔事對你就奈何不得。當遮蔽光明的五陰消失了，就將獲得光明。而那些群魔都是受幽暗之氣而存活，明能破暗，他們一旦接近你就要自行消殞，如何敢停留下來擾亂你的禪定？如果不明了這些道理，被五陰所迷，那麼你這個阿難就必爲魔子，而最終墮爲魔人。如摩登伽，她異常渺小卑劣，她只是用咒語要讓你破佛戒律，這在佛的八萬行中只是毀一戒行，你因心境清淨而沒有淪入魔境。而此諸魔是要壞你寶貴的清淨戒體，使你入無間地獄，就如同宰相家，忽然被抄家，籍沒財產，從而一敗塗地，雖然同情之心而無法挽救。

原典

即時，如來將罷法座，於師子床，攬七寶❶几，迴紫金山，再來憑倚，普告大衆及阿難言：「汝等有學緣覺聲聞，今日迴心趣大菩提無上妙覺。吾今已說眞修行法，汝猶未識，修奢摩他毗婆舍那微細魔事。魔境現前，汝不能識。洗心非正，落於邪見。或汝陰魔，或復天魔，或著鬼神，或遭魑魅。心中不明，認賊爲子。又復於中得少爲足。如第四禪無聞比丘❷，妄言證聖，天報已畢，衰相現前，謗阿羅漢，身遭後有，墮阿鼻獄❸。汝應諦聽，吾今爲汝子細分別。」阿難起立，並其會中同有學者，歡喜頂禮，伏聽慈誨。

佛告阿難及諸大衆：「汝等當知，有漏世界十二類生❹，本覺妙明，覺圓心體，與十方佛無二無別。由汝妄想，迷理爲咎，癡愛發生，生發遍迷，故有空性。化迷不息，有世界生。則此十方微塵國土，非無漏者，皆是迷頑妄想安立。當知虛空，生汝心內。猶如片雲點太清裏。況諸世界，在虛空耶！汝等一人發眞歸元，此十方空皆悉銷殞，云何空中所有國土而不振裂？

「汝輩修禪，飾三摩地，十方菩薩及諸無漏大阿羅漢，心精通脗，當處湛然。一切魔王及與鬼神，諸凡夫天，見其宮殿，無故崩裂，大地振坼，水陸飛騰，無不驚慴，凡夫昏暗，不覺遷訛。彼等咸得五種神通❺，惟除漏盡，戀此塵勞，如何令汝摧裂其處？是故鬼神及諸天魔魍魎妖精，於三昧時，僉來惱汝。然彼諸魔雖有大怒，彼塵勞內，汝妙覺中，如風吹光，如刀斷水，了不相觸。汝如沸湯，彼如堅冰，暖氣漸鄰，不日消殞。徒恃神力，但爲其客。

「成就破亂，由汝心中五陰主人。主人若迷，客得其便。當處禪那，覺悟無惑，則彼魔事無奈汝何。陰消入明，則彼群邪咸受幽氣。明能破暗，近自消殞，如何敢留，擾亂禪定？若不明悟，被陰所迷，則汝阿難必爲魔子，成就魔人。如摩登伽，殊爲眇劣，彼唯咒汝，破佛律儀。八萬行中，祇毀一戒，心清淨故，尚未淪溺。此乃隳汝寶

覺全身，如宰臣家，忽逢籍沒，宛轉零落，無可哀救。

注釋

❶**七寶**：一般指金、銀、琉璃、硨磲、瑪瑙、眞珠、玫瑰。有的以琥珀、珊瑚替代眞珠、玫瑰。

❷**無聞比丘**：指雖然修行禪定，但不聞正法，稍得功用就以爲證得聖果的一類比丘。

❸**阿鼻獄**：地獄的一種。地獄是六趣之一，是衆生惡業所得到的報應之一。地獄是地下牢獄，佛教關於地獄的描寫很多，有八大地獄、十八層地獄等。阿鼻，梵文音譯，意譯曰無間，即受苦無間斷之意，是八大地獄之一。

❹**十二類生**：與十異生類同。

❺**五種神通**：又稱五神變。不可思議者爲神，自在爲通。五神通爲天眼通，能照見一切事物；天耳通，能聽到一切聲音；他心通，能知一切他人之心；宿命通，能知自己未來的命運；如意通，有飛行變化之神通。

譯文

「阿難，你應當知道，你端坐於道場之中，一心一意爲消除各種思念。這些思念如果消除，則離念之後的你就不會被一切闇昧所迷惑，外界的一切干擾都不會動搖你，你就會動靜不移，無論在正念中或失念中都是如如不動。當你處在這種境況時，你就進入了三摩地。就如同眼睛明亮之人處在一片黑暗之中，這時的精性妙淨的離念之體，因心光未發而被稱作色陰區域。如果眼睛明亮，十方世界一時現在眼前，再沒有幽暗之相，此名色陰盡。這樣的修行人則能超越劫濁惡世，看到色陰的由來，是由於堅持妄想並認爲它們就是心的住處。

「阿難，你應當在此三摩地中深密地研究妙明元體，就會發現四大不相交織，轉眼之間你的身體就能越過各種障礙，猶在虛空之中。此名精明流溢前境（清虛之身因無形質所礙而流溢至眼前）。然而，此種禪定功用是暫時所得，不是證得聖果，也不能看作是覺知了妙明見心，名善境界。如果以爲這就是獲得了聖解，群魔就會乘虛而入。

「阿難，當你在此定中，進一步精研妙明元體之時，其心光通照體內臟腑，忽然於其身內親見蟯蟲、蛔蟲並將其拾出，而身體形相不受任何損傷，此名精明流溢形體。然而，此種禪定精行也是暫時所得，並不是證得聖果，也不能看作是獲得了妙明見心，名善境界。如果以爲這就是眞正獲得了聖解，群魔們必將乘虛而入。

「又以此定心，對內對外同時進行精細的研究，你就會觀察到，魂魄、意志、精神這些五內主神，除其身形安然沒有變化外，其餘皆相互涉入，互爲賓主。當此之時，忽然於空中聽到佛說法音，或者聽到來自十方對佛法密義的論說。此名精魄遞相離合，由此成就善種。此禪定功用亦暫時所得，不是證得聖果，也不能看作是獲得了妙明見心，名善境界。如果以爲這就是獲得了聖解，群魔必將乘虛而入。

「又此種定心淸澄顯露，皎潔洞徹，當內光發明，整個十方世界遍成閻浮檀（金）色，一切有情種類盡皆化爲如來。當此之時，忽見毗盧遮那佛（法身佛）坐在天光台上，四周千佛圍繞，百億國土以及蓮花一齊出現，此名心魂靈悟所染。心光通明，照耀著一切世界。此禪定功用亦暫時所得，不是證得聖果，也不能看作是獲得了妙明見心，此名善境界。如果以爲這就是獲得了聖解，群魔就會乘虛而入。

「又以此定心，精研妙明元體，觀察無絲毫間斷，上下都被降服，以忍和定超越此種定境。這時，忽然十方虛空變成七寶色或百寶色，並且充滿其間而互不相礙，靑黃紅白各種顏色也個個純正無雜。此名仰按功力逾分。此禪定功用亦暫時所得，不是證得聖果，也不能看作是獲得了妙見明心，名善境界。如果以爲這就是聖解，群魔就將乘虛而入。

「又以此定心研究妙明元體，其心光淸澄而洞澈，不爲任何明暗境界所擾亂。忽然，在夜半更深之時，在暗室中看各種各樣的東西與白晝無異，而室中原有之物亦按照原來的樣子存放在那裡。此名心細，觀見淸澈，能洞察一切幽暗。此禪定功用亦暫時所得，不是證得聖果，也不能看作是獲得了妙明見心，名善境界。如果以爲這就是聖解，群魔就會乘虛而入。

「又以此定心遍入虛無之境，四肢忽然如同草木，火燒刀斫都沒有感覺；而且火光也燒不著他，就是刀割其肉，也如同削根木頭，此名四大五塵一並消失而使念想歸於統一。此禪定功用亦暫時所得，不是證得聖果，也不能看作是獲得了妙明見心，名善境界。如果以爲這就是聖解，群魔就會乘虛而入。

「又以此定心成就清淨，其淨心達到極限之時，忽然見到大地以及十方山河皆成佛國，在這些佛國之中七寶嚴飾，充滿光明；又見到如恆河沙那樣多的諸佛如來遍滿一切國土，樓閣奇偉，殿堂華麗。此時能下見地獄，上觀天宮，而無任何障礙。此名欣厭之想日深，久想而成。這不是證得聖果，也不能看作是獲得了妙明見心，名善境界。如果以爲這就是聖解，必爲群魔乘虛而入。

「又以此定心研究深遠境界，當達到一定程度，忽然於夜半之時，眺望到遠方的市井街巷，親族眷屬；或者聽到他們的對話。此名定心逼迫之極使心光飛出，因而可以不離住處看到遠方的東西。這不是證得聖果，也不能看作是獲得了妙明見心，名善境界。如果以爲這就是聖解，必爲群魔乘虛而入。

「又以此定心研究至精至細境界，但見善知識的形體在不斷地變化移動，不久就見不到固定的形狀而表現爲種種不同的變化形貌。這是修行之人邪心未盡而使魑魅乘便侵入；或是天魔侵入心腹，魔力執持其心神的緣故。當此之時，此修行人無端說法，以爲是通曉了妙義。這不是證得聖果，也不能看作是獲得了妙明見心。有這樣的認識，魔事將自行銷歇。如果以爲這就是聖解，必爲群魔乘虛而入。

「阿難，如上十種禪定所顯現的境界，都不過是色陰與禪觀在相互交戰中禪觀暫時勝妄想所得。而衆生迷頑，不知這是功力未久，當逢此定力所現情景，迷不自識，還以爲這就是證得了聖道。此大妄語一成，就將墮入無間地獄。你們應當在如來滅度之後，於末法中，宣說此中道理，不能讓天魔乘機得手。要嚴護其身，最終成就無上道果。

原典

「阿難當知，汝坐道場，銷落諸念。其念若盡，則諸離念一切精明，動靜不移，憶忘如一，當住此處入三摩地。如明目人，處大幽暗，精性妙淨，心未發光，此則名爲色陰區宇。若目明朗，十方洞開，無復幽黯，名色陰盡。是人則能超越劫濁❶，觀其所由，堅固妄想，以爲其本。

「阿難，當在此中，精研妙明，四大❷不織。少選之間，身能出礙。此名精明流溢前境。斯但功用，暫得如是，非爲聖證。不作聖心，名善境界。若作聖解，即受群邪。

「阿難，復以此心精研妙明，其身內徹。是人忽然於其身內，拾出蟯蛔，身相宛然，亦無傷毀。此名精明，流溢形體。斯但精行，暫得如是，非爲聖證。不作聖心，名善境界。若作聖解，即受群邪。

「又以此心，內外精研，其時魂魄意志精神，除執受耳，餘皆涉入，互爲賓主。忽於空中聞說法聲，或聞十方，同敷密義。此名精魄遞相離合，成就善種。暫得如是，非爲聖證。不作聖心，名善境界。若作聖解，即受群邪。

「又以此心澄露皎徹，內光發明，十方遍作閻浮檀色，一切種類，化爲如來。於時忽見毗盧遮那❸，踞天光臺❹，千佛圍繞。百億國土，及與蓮華，俱時出現。此名心魂靈悟所染。心光研明，照諸世界。暫得如是，非爲聖證。不作聖心，名善境界。若作聖解，即受群邪。

「又以此心精研妙明，觀察不停，抑按降伏，制止超越。於時忽然十方虛空成七寶色，或百寶色，同時遍滿，不相留礙，青黃赤白，各各純現。此名抑按功力逾分。暫得如是，非爲聖證。不作聖心，名善境界。若作聖解，即受群邪。

「又以此心研究澄徹，精光不亂。忽於夜半在暗室內，見種種物，不殊白晝，而暗室物，亦不除滅。此名心細密澄其見，所視洞幽。暫得如是，非爲聖證。不作聖心，名善境界。若作聖解，即受群邪。

「又以此心圓入虛融，四肢忽然同於草木，火燒刀斫，曾無所覺。又則火光不能燒熱，縱割其肉，猶如削木。此名塵併，排四大性，一向入純。暫得如是，非爲聖證。不作聖心，名善境界。若作聖解，即受群邪。

「又以此心成就清淨，淨心功極，忽見大地十方山河，皆成佛國。俱足七寶，光明遍滿。又見恆沙諸佛如來，遍滿空界，樓殿華麗。下見地獄，上觀天宮，得無障礙。此名欣厭凝想日深，想久化成，非爲聖證，不作聖心，名善境界。若作聖解，即受群邪。

「又以此心研究深遠。忽於中夜，遙見遠方市井街巷親族眷屬；或聞其語。此名迫心，逼極飛出，故多隔見。非爲聖證，不作聖心，名善境界。若作聖解，即受群邪。

「又以此心研究精極。見善知識形體變移，少選無端，種種遷改。此名邪心含受魑魅，或遭天魔入其心腹。無端說法，通達妙義。非爲聖證，不作聖心，魔事消歇。若作聖解，即受群邪。

「阿難，如是十種禪那現境，皆是色陰用心交互，故現斯事。衆生頑迷，不自忖量。逢此因緣，迷不自識，謂言登聖。大妄語❺成，墮無間獄。汝等當依如來滅後，於末法中宣示斯義，無令天魔得其方便。保持覆護，成無上道。

注釋

❶**劫濁**：劫，是佛教的一種時間概念，已注。所謂劫濁，指人的壽命在兩萬歲之後，開始有種種渾濁不淨之法產生，共五種即劫濁，爲五濁之總相；見濁，即各種見所產生的邪妄情識；煩惱濁，指貪瞋癡等根本煩惱；衆生濁，指見濁、煩惱濁所帶來的果報，衆生在世間所受種種苦報；命濁，是見濁、煩惱濁的果報，壽命漸漸減少。

❷**四大**：即地、水、火、風。按照佛教的説法四大爲世界萬物組成的要素。地大，支持萬物；水大，收攝萬物；火大，調熱萬物；風大，生長萬物。

❸**毗盧遮那**：三身佛中法身佛的通稱。三身佛即毗盧遮那，法身佛名，譯作遍一切處，是佛法的人格化，也指衆生本自具有的成佛的本性，即佛性；盧舍那爲報身佛名，譯作淨滿，意爲諸惡都盡，即以法身爲因經過修行而獲得的佛果之身；釋迦牟尼佛爲應

身佛，指爲了度化衆生而顯化於人間的生身。

❹天光臺：毗盧遮那的寶座。《梵網經》云：「爾時，蓮華臺藏世界，赫赫天光師子座上。」

❺大妄語：不實之言。大妄語者，不得聖道，言我得聖道者；小妄語，即其他不實之語。

譯文

「阿難，那些善男子在修行三摩提和奢摩他中，使色陰消盡之後就能見到諸佛之心，這就好像在明亮的鏡子中見到自己一樣。如果在禪定中有所得而未能應用自在，那就猶如睡中發生夢魘的人，手足都沒有毛病，醒來後看見的東西也清清楚楚，只是心受到外邪的制約而不能動。此則名爲受陰區域。如果夢魘過去了，其心不再受外邪制約而離開身體，能夠反觀自身面孔並且來去自由，不再爲色身所障，此名受陰盡。這樣的人則能超越見濁，而親見受陰產生的根緣，即本覺之心本不在身中，受陰不過是感覺中虛幻的妄想。

「阿難，那些善男子，在此色陰已開而受陰未破的禪定之中，得大光明，其心開悟。然而又過份地責備自己不能早悟。當此之時，忽然於其心中生起無窮盡的憂悲之心，以至在看見蚊蟲的時候，猶如看到初生的嬰兒，心生憐慰，不覺流下淚來。這種禪定功用是由於大悟之後，自責太過而造成的。如果悟知此悲心產生的原因，知其並不是證得聖果，並不爲過。如果悟知之後不再受其迷惑，久而久之則自行銷歇。如果以此作爲聖解，那麼一種悲魔就會侵入心腑之中，那時，此善男子見人就起悲心而啼哭不止，必然得不到正受而最終墜落於輪迴之中。

「阿難，在此禪定之中，那些善男子當看到色陰消失，受陰現露而殊勝境界就在眼前的時候，由於過份的激動，忽然在心中生出無限的勇氣，並自認爲這種勇猛心力，可與諸佛相等，還說三阿僧祇劫一念之間就能超越。這種禪定功用是輕慢佛的神力而過份越禮所造成的。悟知此念產生的原因，並不爲過。這不是證得聖果。如果在覺知之後不再受其迷惑，久而久之則自行銷歇。如果以此作爲聖解，那麼一種狂魔就會侵入心腑之中。那時，此善男子就會見人而自誇，傲慢無比，以至其心上不見佛，下不見人，必然得不到正受而最終墜落於輪迴之中。

「又，在此禪定之中，那些善男子們，見色陰消失，受陰顯露，以爲前面已經沒有聖道可證；再要回頭歸去，又失去了故居。當此之時，智力已經衰微，處在途中之地，迷茫而無所依傍，不知所措。忽然在心中生出大枯竭之想，並在一切時候都深深地思念著它，不使其散失，以爲這就是勤於精進之相。這就叫做修心缺少智慧而自失機會。悟知此中原因並不爲過，這不是證得聖果。如果以此作爲聖解，就將有一種憶魔侵入心腑之中。那時，此善男子從早到晚都懸著心，必然得不到正受而最終墜落於輪迴之中。

「又，在此禪定之中，那些善男子們見色陰消失，受陰顯露，以爲自己的智慧已超過了禪定的功力，其過失在於修行的太猛烈了。因此認爲諸殊勝之性已在自己心中，已懷疑自己就是盧舍那佛，不再求慧心增進，而以獲得少量定功爲滿足。這是失去了正確的審視能力，而沒有自知之明，是過份看重自己的知見所造成的。如果能悟知此中道理並不爲過。這不是證得聖果。如果以此作爲聖解，就將有低劣的容易知足的魔想侵入心腑之中，從而十分顛狂，見人就說：我已獲得無上第一義諦。這必然得不到正受而墜落於輪迴之中。

「又，在此禪定之中，那些善男子們，見色陰消失，受陰顯露，而自己未能證悟新的道理，而在此之前的定心也已經喪失。此時，他們遍觀色陰和受陰二際，感到證悟之路十分艱險，心中忽然生起無盡的憂慮，就如同坐在鐵床之上，又如同飲用了毒藥，不想活在人間，常請別人害他性命，以求早日得到解脫。這是修行之人過份拘謹，而不知佛法廣闊，有種種方便法門所致。如果能悟知此中道理，並不為過。這不是證得聖果。如果以此作為聖解，就會有一種常憂愁魔侵入其心腑之中，在此魔的作祟之下，此修行人或者手執刀劍，自割其肉，對捨去壽命感到歡欣；或者終日憂愁，走入山林，不願與任何人接觸。這種情況必然得不到正受而墜落於輪迴之中。

「又，在此禪定之中，那些善男子們，見色陰消失，受陰顯露而處在清淨境中。此時，自覺心境已經安隱，必然不知從何處生出無限之喜，心中歡悅不能自止。這是初證妙樂，因無觀照之智，故不能自禁所致。能悟此中道理並不為過。這不是證得聖果。如果以此作為聖解，就會有一種好喜樂魔侵入其心腑之中，見人就笑，於大街路旁，自歌自舞，並自言自語，說自己已得了無礙解脫。這必然失去正受而墜落於輪迴之中。

「又，在此禪定之中，那些善男子們，見色陰消失，受陰顯露，自謂已經滿足。

此時，忽然無故生起大我慢心，乃至慢、過慢、增上慢以及卑劣慢等同時生起。心中對十方如來尚且輕慢，更何況對處於下位的聲聞緣覺。這是見殊勝之相，因無觀照之智不能自救所致，能悟此中道理並不爲過。這不是證得聖果，如果以此作爲聖解，就會有一種大我慢魔侵入其心腑之中，從而不禮敬塔廟，摧毀經像，並對諸檀越說：這些佛像是金銅，或者土木；這些佛經是樹葉，或是疊華（棉布）；自己的肉身才是眞常佛身；不去恭敬自身，而去崇拜土木，這實在是顛倒的行爲。檀越中深信其語者，與其一起毀壞經像並埋入地卜。那些處在疑慮之中或相信其言而誤入歧途的衆生必將墜入阿鼻地獄；而此善男子也必然失去正受，最終墜落於輪迴之中。

「又，在此禪定之中，那些善男子們，見色陰消失，受陰顯露，而於精明的見性之中，徹悟到至精至純之理，從而得到隨心所欲不復有任何障礙的大隨順。此時，其心中忽然生出無量的輕鬆且安然之想，自言已經成聖，獲得解脫，得到了大自在。這是由於智慧之心而獲得的一種遠離重濁的清爽境界。如果悟知此中道理並不爲過。這不是證得聖果。如果以此作爲聖解，就將有一種好輕清魔侵入其心腑之中，從而自謂滿足，不再求上進。此類善男子多爲無聞比丘。那些處在疑慮之中，或相信其言而誤入歧途的衆生必將墜入阿鼻地獄；而此類善男子也必然失去正受，最終墜落於輪迴之中。

「又，在此禪定之中，那些善男子們，見色陰消失，受陰顯露，於豁然明朗的境界中，悟知寂然性空之理，並於其中忽然感到心已歸向永滅之境。世間無因無果，皆歸於空。空心既已現前，即便是心有所生，也皆是增長斷滅之解。悟知此中道理並不爲過，這不是證得聖果。如果以此作爲聖解，就將有空魔侵入其心腑之中，由此緣故而誹謗持戒爲小乘，認爲菩薩就是悟空，沒有什麼要遵守的戒條。因此，此人在虔誠的檀越面前，飲酒吃肉，廣行淫穢之事。此人因有魔力，諸檀越因被魔力所威攝，對其倒行逆施沒有產生疑謗。此人由於鬼心久入其身，而把食屎尿與食酒肉看作一回事，認爲都是一種空相。此人破佛律儀，還引導衆生誤作罪孽之事，必然失去正受，最終墜落於輪迴之中。

「又，在此禪定之中，那些善男子見色陰消失，受陰顯露，在體味空明寂然之境時，逐漸深入心骨，其心忽然有無限的愛念產生，愛念至極而發狂，便成貪欲。這是禪定之境安順並深入心間，因缺少智慧，不能自持而誤入貪欲之中。悟知此中道理就不爲過，這不是證得聖果。如果以此作爲聖解，就將有欲魔侵入其心腑之中。由此緣故，此人一向都說，追求欲行就是菩提之道；要化作世間俗人，與其平等行欲；把行淫欲之人稱作持法子。由於鬼神之力的護持，在末法之世，被其攝受的凡夫愚類，其數初則百計，以後從一百至二百，或五六百，多則滿千萬。此後，此人因魔心生厭而漸離其身。魔既離身，威德也就不復存在，從而陷入大難。那些信其言而誤入邪道的衆生入無間地獄；而此人也必然失去正受，最終墜落於輪迴之中。

「阿難，如上所舉十種禪定所顯示的景象，都是受陰和定心交互作用時，受陰所表現的種種邪悟。衆生迷頑，不自思量，遇到此類因緣，迷不自識，還說自己證得了聖果。此大妄語一成，即墮落無間地獄。你們應當將我的話，在我去世之後，傳示於末法時期，讓一切衆生都能悟知此中道理，使天魔沒有機會施展魔力，庇護修行禪定的人，不受諸魔侵擾，最終成就無上道。

原典

「阿難，彼善男子，修三摩提奢摩他中，色陰盡者，見諸佛心，如明鏡中顯現其像。若有所得，而未能用。猶如魘人❶，手足宛然，見聞不惑，心觸客邪而不能動。此則名為受陰區宇。若魘咎歇，其心離身，反觀其面。去往自由，無復留礙，名受陰盡。是人則能超越見濁。觀其所由，虛明妄想以為其本。

「阿難，彼善男子，當在此中得大光耀，其心發明，內抑過分，忽於其處，發無窮悲。如是乃至觀見蚊虻，猶如赤子。心生憐愍，不覺流淚。此名功用抑摧過越。悟則無咎，非為聖證。覺了不迷，久自消歇。若作聖解，則有悲魔入其心腑。見人則悲，啼泣無限。失於正受，當從淪墜。

「阿難，又彼定中諸善男子，見色陰消，受陰明白。勝相現前，感激過分。忽於其中生無限勇。其心猛利，志齊諸佛，謂三僧祇❷一念能越。此名功用陵率過越。悟則無咎，非為聖證。覺了不迷，久自消歇。若作聖解，則有狂魔入其心腑。見人則誇，我慢無比。其心乃至上不見佛，下不見人。失於正受，當從淪墜。

「又，彼定中諸善男子，見色陰消，受陰明白。前無新證，歸失故居。智力衰微，入中隳地，迴無所見。心中忽然生大枯渴，於一切時沈憶不散，將此以為勤精進相。此名修心無慧自失。悟則無咎，非為聖證。若作聖解，則有憶魔入其心腑。旦夕撮心，懸在一處。失於正受，當從淪墜。

「又，彼定中諸善男子，見色陰消，受陰明白。慧力過定，失於猛利，以諸勝性懷於心中。自心已疑是盧舍那，得少爲足。此名用心亡失恆審，溺於知見。悟則無咎，非爲聖證。若作聖解，則有下劣易知足魔入其心腑。見人自言：我得無上第一義諦。失於正受，當從淪墜。

「又，彼定中諸善男子，見色陰消，受陰明白。新證未獲，故心已亡。歷覽二際，自生艱險。於心忽然生無盡憂，如座鐵床，如飲毒藥。心不欲活，常求於人令害其命，早取解脫。此名修行失於方便。悟則無咎，非爲聖證。若作聖解，則有一分常憂愁魔入其心腑，手執刀劍，自割其肉，欣其捨壽；或常憂愁，走入山林，不耐見人。失於正受，當從淪墜。

「又，彼定中諸善男子，見色陰消，受陰明白。處清淨中，心安隱後，忽然自有無限喜生。心中歡悅，不能自止。此名輕安無慧自禁。悟則無咎，非爲聖證。若作聖解，則有一分好喜樂魔入其心腑。見人則笑，於衢路傍，自歌自舞。自謂已得無礙解脫。失於正受，當從淪墜。

「又，彼定中諸善男子，見色陰消，受陰明白。自謂已足。忽有無端大我慢起，如是乃至慢與過慢，及慢過慢，或增上慢，或卑劣慢，一時俱發。心中尚輕十方如來，何況下位聲聞緣覺。此名見勝無慧自救。悟則無咎，非為聖證。若作聖解，則有一分大我慢❸，魔入其心腑。不禮塔廟，摧毀經像。謂檀越言：此是金銅，或是土木；經是樹葉，或是疊華；肉身眞常，不自恭敬，欲崇土木，實為顚倒。其深信者，從其毀碎，埋棄地中。疑誤衆生，入無間獄。失於正受，當從淪墜。

「又，彼定中諸善男子，見色陰消，受陰明白。於精明中，圓悟精理，得大隨順。其心忽生無量輕安，已言成聖，得大自在。此名因慧獲諸輕清。悟則無咎，非為聖證。若作聖解，則有一分好輕清魔入其心腑，自謂滿足，更不求進。此等多作無聞比丘，疑誤衆生，墮阿鼻獄，失於正受，當從淪墜。

「又，彼定中諸善男子，見色陰消，受陰明白。於明悟中，得虛明性。其中忽然歸向永滅，撥無因果，一向入空。空心現前，乃至心生長斷滅解。悟則無咎，非為聖證。若作聖解，則有空魔入其心腑，乃謗持戒，名為小乘❹；菩薩悟空，有何持犯。其人常於信心檀越，飲酒噉肉，廣行淫穢。因魔力故，攝其前人，不生疑謗。鬼心久入，或食屎尿與酒肉等，一種俱空。破佛律儀，誤入人罪，失之正受，當從淪墜。

「又，彼定中諸善男子，見色陰消，受陰明白，味其虛明，深入心骨。其心忽有無限愛生，愛極發狂，便爲貪欲。此名定境安順入心，無慧自持，誤入諸欲。悟則無咎，非爲聖證。若作聖解，則有欲魔入其心腑。一向說欲爲菩提道，化諸白衣❺，平等行欲；其行淫者，名持法子。神鬼力故，於末世❻中攝其凡愚，其數至百，如是乃至一百、二百，或五六百，多滿千萬。魔心生厭，離其身體。威德既無，陷於王難。疑誤衆生，入無間獄。失於正受，當從淪墜。

「阿難，如是十種禪那現境，皆是受陰用心交互，故現斯事。衆生頑迷，不自忖量。逢此因緣，迷不自識，謂言登聖。大妄語成，墮無間獄。汝等亦當將如來語，於我滅後，傳示末法。遍令衆生開悟斯義，無令天魔得其方便。保持覆護，成無上道。

注釋

❶**魘人**：魘，音奄，夢中遇可怕事而呻吟驚叫。《說文解字》云：「夢驚也。」

❷**三僧祇**：即三阿僧祇劫，是菩薩成佛修行所需的時間。具體說菩薩修行有五十位，即

十信、十住、十行、十回向共四十位，爲第一阿僧祇劫；十地中的初地至第七地爲第二阿僧祇劫；第八地至第十地爲第三阿僧祇劫。

❸**慢**：佛教名詞，恃己而凌他曰慢，即傲慢自負之意。有七種慢和九種慢之說。在七慢中的第四慢稱我慢，即把自己看的很高，如果把自己認爲與諸聖相等，稱大我慢。過慢，在同等的情況下，以我爲高者；在高於自己的情況下，要與之相等。慢過慢，在高於自己的情況下，認爲自己比之還要高明。增上慢，沒有證得聖果而自謂證得聖果。卑劣慢，在顯然爲智德者前，不敬不求，自甘卑劣者。

❹**小乘**：是大乘佛教成立後，對它以前的佛教貶稱作小乘。小乘佛教一般指原始佛教和部派佛教，但小乘佛教亦與大乘佛教同時流行，即今稱上座部佛教者。佛教又有三乘之說，即聲聞乘、緣覺乘、菩薩乘。聲聞、緣覺二乘爲小乘；菩薩乘爲大乘。

❺**白衣**：在家人之別稱。古代印度，婆羅門或在家人多服鮮白之衣。

❻**末世**：即末法。佛教認爲，釋迦牟尼佛入滅之後，佛教日益衰落，根據這一思想把佛教的發展分爲三個時期，即正法、像法和末法。就三時之修行證果而論，正法時，持戒即能成就，稱爲戒成就；像法時，修禪即能成就，稱爲禪成就；末法時，惟依淨土

念佛法門方能成就，稱爲淨成就。至於三時之時限，諸經論說法各異。

譯文

「阿難，那些善男子修三摩地而使受陰消失之時，雖然未能斷除一切煩惱，但自心已無所執著而不受形體的拘束，就如同飛鳥出籠，已能成就以自己的凡夫之身上歷菩薩六十聖位而得意生身，隨意往來無所障礙。譬如有人在熟睡中說夢話，雖然此人在說夢話時別無所知，但他的夢話已構成有音韻有層次的語言，使沒有睡的人都領悟到夢話的意思。這種情況名想陰區域。如果動念已盡，浮想消除，覺明之心就好像鏡面上除去了塵垢，能夠通照一切有生死之物。這種情況名想陰盡。這時，此人就能超越煩惱濁而觀見到想陰的由來。想陰是以心與境相融通所產生的妄想爲其根本的。

「阿難，那些善男子受陰虛妙，不爲任何邪念所惑，在圓通妙定中成受陰已盡境界。然而，此善男子於此三摩地中心起喜愛之心，此心圓滿，妙用無窮，思慮敏銳而貪求善巧。此時，天魔等候到時機，便立時遣其魔精附於他人之體，並口說經法。此附魔之人不知魔已附體，還自言說已得無上涅槃。他來到一心求善巧的善男子處設座說法。此人形貌不斷變化，或作比丘，令聽法之人親見；或爲帝釋，或爲婦女、爲比丘尼；或者睡在暗室而身放光明。那些善男子愚盲不識，還以爲此人就是菩薩，相信他的說教而心神惚惚不定，破佛戒律而漸漸做起貪欲之事。此魔附之人好言災祥怪誕之事，或說如來在某處出世，或說某處出現了劫火，或說戰爭將要發生。使人產生恐怖，或者竭財以供如來；或者棄家逃亡，無故使家資耗散。此魔精附體之人名爲怪鬼，年老之後成魔，在世間惱亂修行之人。魔精附於人體，時間一久就生厭足之心，必然離體而去。此時，魔精附體之人及其弟子都將陷於大難。你應當對此先有察覺，才不致墜入輪迴，如果迷惑而不覺知必將墮入無間地獄。

「阿難，又有善男子，其受陰虛明而周遍，不爲任何邪念所迷惑，並於圓通妙定之中成就受陰已盡的無礙境界。然而，此善男子在三摩地中，生起愛好遊蕩之心，使其心思飄浮，一心貪求遊方之事。此時，天魔等候到時機，立時遣其魔精附於他人之身，並口說經法。魔精附體之人，並沒有覺知魔已附體，還說自己得了無上涅槃。此人來到喜好遊方的善男子處，設座說法。此人形貌不變，而聽其說法者，忽而自見其身坐在寶蓮華上，忽而全身化作紫金光聚。所有的聽衆都是這樣，以爲得未曾有。那些善男子，個個愚昧，誤把此人當作菩薩，自恃得遇聖人而放縱淫逸之心，破佛戒律，漸漸做起貪欲之事。此魔附之人好言諸佛出世，說某處某人必定是某佛的化身；某人就是某某菩薩等等，他們都是來教化人間的。而那些聽法之人見此情景，心生仰慕，興起種種邪見，從而使成佛種智喪失。此魔附之人名魃鬼，年老之後成魔，在世間惱亂修行之人。魔精附於人體，時間一久，就生厭足之心，必然離人體而去。此時，魔精所附之人及其弟子都將陷於受國法制裁之大難。你應當對此先有察覺，才不致墜落於輪迴之中。如果迷惑而沒有覺知，必將墮入無間地獄。

「又有善男子，其受陰虛明而周遍，不為任何邪念所迷惑，並於圓通妙定之中，成就了受陰已盡的無礙境界。然而，此善男子在三摩地中，卻生出一種欲與諸佛妙理相吻合的綿綿之心。其思慮深沉，靜而不動，一心貪求與佛契合。此時，天魔等候到時機，立時遣其魔精附於他人之身，並口說經法。其魔精附體之人，實在不知魔已附體，還說自己得了無上涅槃。此人來到一心尋求與佛契合的善男子處，設座說法。此人及其聽法者的形體一無變化，而讓聽法之人未聞說法，其心就已開悟。聽法者在思念的變化之中，或者能知未來之事，或者能知他人心中所想，或者能知地獄，或者能知人間善惡諸事，或口說偈語，或者能背誦經文。他們得此神通，個個歡娛，以爲得未曾有。這些聽法之人，愚昧無知，誤把此人當作菩薩，而心生纏綿之愛，相信此人的說教而破佛律儀，漸漸做起貪欲之事。此魔精附體之人，口中好言佛有大小，說某佛是先佛，某佛是後佛。還說這其中有眞佛、假佛、男佛、女佛。菩薩也是這樣。那些聽法之人，見其神通，都相信其妖言，洗滌了本來成佛之心而改悟邪道。此魔精所附之人名魅鬼，年老之後成魔，在人間惱亂修行之人。魔精附於人體，時間一久，就生厭足之心，必然離人體而去。此時，魔精附體之人及其弟子都將陷於受國法制裁之大難。你應當對此先有察覺，才不致墜落於輪迴之中。如果迷惑而沒有覺知，必將墮入無間地獄。

「又有善男子，受陰虛明周遍，不爲任何邪念所迷惑，並於圓通妙定之中成就了受陰已盡的無礙境界。然而，在三摩地中卻心愛追根逆源，遍覽萬物的變化，追究物性的始末，竭盡心力去貪求辨別與分析。此時，天魔等候到時機，立時遣其魔精附於他人之體，並口說經法。此魔精附體之人，自開始就沒有覺知魔已附體，還說自己得了無上涅槃。此人來到一心求索根本的善男子處，設座說法。此人身有神威，震伏著求索根本的善男子們，令其座下衆人，雖然未聞說法就自然心服。他們這些領受魔法的人，將佛涅槃之後的菩提法身認爲就是眼前自己的肉身；認爲父父子子遞代相生，就是法身常住不絕之相；指當今世界就是佛國，別無淨土及金色相。此等聽衆亡失了尋求根本的初心，以自己的身命歸信魔說，還以爲得未曾有。這些愚昧之人，誤把此人當作菩薩，推究己心以爲根本，從而破佛戒律，漸漸行起貪欲之事。此魔精所附之人，口中好言：眼耳鼻舌皆爲淨土；男女二根就是菩提涅槃的眞正所在。那些無知的歸信之人，竟都相信這種汚穢的話。此魔精附體之人名蠱毒魔勝惡鬼，年老之後成魔，在世間惱亂修行之人。魔精附於人體，時間一久就生厭足之心，必然離體而去。此時，魔精附體之人及其弟子都將陷於受國法制裁之大難。你應當對此先有察覺，才不致墜入輪迴。如果迷惑而沒有覺知，必將墮入無間地獄。

「又有善男子，受陰虛明周遍，不爲任何邪念所惑，並於圓通妙定之中成就了受陰已盡的無礙境界。然而，在三摩地中卻生起諸聖應化其身的妄想愛心，反覆精研，一心貪求與聖靈契合的感覺。此時，天魔等候到時機，立時遣其魔精附於他人之身，並口說經法。此魔精所附之人根本沒有覺知魔已附體，還說自己得了無上涅槃。此人來到一心貪求諸聖應化其身的善男子處，設座說法。此人身著魔力，故能令聽衆一時得見其身如百千歲之人，從而心生愛慕，無法捨離，就是身爲奴僕，四時供養也不覺疲勞。同時能令其徒衆心中相信他就是先世之師，本來就是善知識，而別生法愛之心，更難捨離，如膠如漆，並以爲這就是得未曾有。這些愚昧之人，誤把此人當作菩薩，親近其心，破佛律儀，漸漸行其貪欲之事。此魔精附體之人，口中好言：我在前世，於某生中先度某人。當時，這些人是我的妻妾兄弟。我今天來到此處是爲度你們，與你們一起歸於某一世界，供養某佛；或說別有一大光明天，佛住在其間，這是一切如來休息居住的地方。那些無知的人，相信此人虛誑之言而遺失成佛本心。此名癘鬼，年老之後成魔，在世間惱亂修行之人。魔精附於人體，時間一久就生厭足之心，必然離體而去。此時，魔精附體之人及其弟子，都將陷入受國法制裁之大難之中。你對此應當先有覺知，才不致墜落輪迴。如果迷惑而沒有覺知，必將墮入無間地獄。

原典

「阿難，彼善男子修三摩地受陰盡者，雖未漏盡，心離其形，如鳥出籠，已能成就從是凡身，上歷菩薩六十聖位❶，得意生身❷，隨往無礙。譬如有人熟寐囈言，是人雖則無別所知，其言已成音韻倫次，令不寐者咸悟其語。此則名爲想陰區宇。若動念盡，浮想消除。於覺明心，如去塵垢。一倫生死，首尾圓照，名想陰盡。是人則能超煩惱濁，觀其所由，融通妄想以爲其本。

「阿難，彼善男子受陰虛妙，不遭邪慮，圓定發明。三摩地中，心愛圓明，銳其精思，貪求善巧。爾時，天摩候得其便，飛精附人，口說經法。其人不覺是其魔著，自言謂得無上涅槃，來彼求巧善男子處，敷座說法。其形斯須，或作比丘，令彼人見。或爲帝釋❸，或爲婦女，或比丘尼，或寢暗室，身有光明。是人愚迷，惑爲菩薩，信其教化，搖蕩其心。破佛律儀，潛行貪欲。口中好言災祥變異，或言如來某處出世，或言劫火，或說刀兵。恐怖於人，令其家資無故耗散。此名怪鬼，年老成魔。惱亂是人。厭足心生，去彼人體。弟子與師，俱陷王難。汝當先覺，不入輪迴。迷惑不知，墮無間獄。

「阿難，又善男子受陰虛妙，不遭邪慮，圓定發明。三摩地中，心愛遊蕩。飛其精思，貪求經歷。爾時，天魔候得其便，飛精附人，口說經法。其人亦不覺知魔著，亦言自得無上涅槃。來彼求遊善男子處，敷座說法。自形無變，其聽法者，忽自見身坐寶蓮華，全體化成紫金光聚。一衆聽人，各各如是，得未曾有。是人愚迷，惑爲菩薩。淫逸其心，破佛律儀，潛行貪欲。口中好言：諸佛應世，某處某人，當是某佛化身來此，某人即是某菩薩等來化人間。其人見故，心生傾渴。邪見密興，種智消滅。此名魃鬼❹，年老成魔，惱亂是人。厭足心生，去彼人體。弟子與師，俱陷王難。汝當先覺，不入輪迴。迷惑不知，墮無間獄。

「又善男子，受陰虛妙，不遭邪慮，圓定發明。三摩地中，心愛綿涽。澄其精思，貪求契合。爾時，天摩候得其便，飛精附人，口說經法。其人實不覺知魔著，亦言自得無上涅槃。來彼求合善男子處，敷座說法。其形及彼聽法之人外無遷變，令其聽者，未聞法前，心自開悟。念念移易，或得宿命，或有他心，或見地獄，或知人間好惡諸事，或口說偈，或自誦經。各各歡娛，得未曾有。是人愚迷，惑爲菩薩。綿愛其心，破佛律儀，潛行貪欲。口中好言：佛有大小，某佛先佛，某佛後佛，其中亦有眞佛、假佛、男佛、女佛，菩薩亦然。其人見故，洗滌本心，易入邪悟。此名魅鬼❺，年老成魔，惱亂是人。厭足心生，去彼人體。弟子與師，俱陷王難。汝當先覺，不入輪迴。

迷惑不知，墮無間獄。

「又善男子受陰虛妙，不遭邪慮，圓定發明。三摩地中，心愛根本，窮覽物化性之始終。精爽其心，貪求辨析。爾時，天魔候得其便，飛精附人，口說經法。其人先不覺知魔著，亦言自得無上涅槃。來彼求元善男子處，敷座說法。身有威神，摧伏求者。令其座下，雖未聞法，自然心伏。是諸人等，將佛涅槃菩提法身，即是現前我肉身上。父父子子，遞代相生，即是法身常住不絕。都指現在即爲佛國，無別淨居及金色相。其人信受，亡失先心。身命歸依，得未曾有。是等愚迷，惑爲菩薩。推究其心，破佛律儀、潛行貪欲。口中好言：眼耳鼻舌皆爲淨土；男女二根，即是菩提涅槃眞處。彼無知者，信是穢言。此名蠱毒魘勝惡鬼，年老成魔，惱亂是人。厭足心生，去彼人體。弟子與師，俱陷王難。汝當先覺，不入輪迴。迷惑不知，墮無間獄。

「又善男子受陰虛妙，不遭邪慮，圓定發明。三摩地中，心愛懸應，周流精研，貪求冥感。爾時，天魔候得其便，飛精附人，口說經法。其人元不覺知魔著，亦言自得無上涅槃。來彼求應善男子處，敷座說法。能令聽衆暫見其身如百千歲，心生愛染，不能捨離。身爲奴僕，四事供養，不覺疲勞；各各令其座下人心，知是先師本善知識，別生法愛，黏如膠漆，得未曾有。是人愚迷，惑爲菩薩。親近其心，破佛律儀，潛行貪欲。口中好言：我於前世，於某生中先度某人，當時是我妻妾兄弟。今來相度，與汝相隨，歸某世界，供養某佛。或言：別有大光明天，佛於中住，一切如來所休居地。彼無知者，信是虛誑，遺失本心。此名癘鬼，年老成魔，惱亂是人。厭足心生，去彼人體。弟子與師，俱陷王難。汝當先覺，不入輪迴。迷惑不知，墮無間獄。

注釋

❶**菩薩六十聖位**：指菩薩修行的階位，一般以十信、十住、十行、十迴向、十地爲五十位，再加等覺、四加行共五十五位。其他五位沒有確定的說法。

❷**意生身**：又稱意成身，指初地以上的菩薩身。此身無礙自在，如心如意。

❸**帝釋**：音譯釋迦提桓因陀羅。又作天帝釋、天主。

❹**魃鬼**：此鬼遇風成形，因貪色而受生。我國有見此鬼而天旱的說法。

❺**魅鬼**：物老所成之鬼。此鬼遇畜而成形，因貪惑而受生。

譯文

「又有善男子，受陰虛明周遍，不爲任何邪念所惑，並於圓通妙定之中成就了受陰已盡的無礙境界。然而，在三摩地中卻生起喜入深定的愛心，苛求自己，精勤禪定；樂處幽靜之處，一心貪求寂靜的境地。此時，天魔等候到時機，立時遣其魔精附於他人之身，並口說經法。此魔精所附之人，根本就沒有覺知魔已附體，還自言得無上涅槃。此人來到一心追求深定的善男子處，設座說法。此人令其聽衆可以各知前世本業；或在說法之地對一人說：你現在雖然沒有死，但已經成爲畜生，並命令一人在這個人的背後踏其尾部，這人頓時不能起身。當此之時，看到這種情景的在場大衆，無不從心中欽服。如果有人心中起某種念頭，此人立時就可知曉他心中起念的原因。此人對其徒衆，除佛的律儀之外，又加進許多十分嚴格的苦戒。他誹謗比丘，惡罵徒衆，披露別人的隱私，不避譏諷嫌疑。他口中好言：未曾發生的禍福，及至事情發生，與其所言無絲毫差別。此爲大力鬼，年老之後成魔，在世間惱亂修行之人。魔精附於人體，時間一久就生厭足之心，必然離體而去。此時，此魔精附體之人及其弟子都將陷入受國法制裁之大難。你應當對此先有覺知，才不致墜入輪迴。如果迷惑而不覺知，必將墮入無間地獄。

「又有善男子，受陰虛明周遍，不爲任何邪念所惑，並於圓通妙定之中成就了受陰已盡的無礙境界。然而，在三摩地中卻生起通達宿命的愛心，勤苦尋研，一心貪求宿命知見。此時，天魔等候到時機，立時遣魔精附於他人之體，並口說經法。此魔精附體之人尚不覺知魔已附體，還自言得無上涅槃。此人來到一心貪求宿命知見的善男子處，設座說法。此人無端在說法之處得大寶珠。當時，魔精先是化作一畜生，口中銜著這顆寶珠及其他珍寶和簡策符牘等多種奇異之物。此畜生將珍寶授於此人，然後附著其體。此人或者誘惑聽衆，說有明月珠藏在地下，而其地則有珠光照耀，這些人由此以爲得未曾有。他們多食藥草，不吃嘉饌；或者只吃一麻一麥，其身體則都很肥胖，這些都是魔力所爲。此魔附之人誹謗比丘，漫罵徒衆，不避譏嫌。此人口中好言：他方寶藏，及十方聖賢潛心修行之處。跟隨其後，往往能看到奇異之人。此名山林、土地、城隍、川嶽鬼神，年老之後成魔。或者宣揚淫威，破佛戒律；或者與其奉事者暗行世間五欲之事；或者精進修行，而這種修行也純粹是食草木一類的盲目行爲。你應當對此先有覺知，才不致墜入輪迴。如果迷惑而沒有覺知，必將墮入無間地獄。

「又有善男子，受陰虛明週遍，不為任何邪念所惑，並於圓通妙定之中成就了受陰已盡的無礙境界。然而，在三摩地中卻生起得神通種種變化的愛心，研究萬種變化之本，一心貪求神力。此時，天魔等候到時機，立時遣其魔精附於他人之體，並口說經法。此魔精所附之人並沒有覺知魔已附體，還自言得無上涅槃。此人來到一心想貪求神通的善男子處，設座說法。此人或者手執火光，再用另一隻手將火光撮出放在聽其說法的四衆的頭上，這些聽衆頭上的火光，皆高數尺，而頭上卻無熱的感覺，也沒有焚燒的痕跡。此人或者在水中走如履平地；或者在空中安坐不動，或者鑽入瓶內，或者處在囊中。此人越壁穿牆全無障礙，唯於刀兵之事無能為力。此人自言是佛，身著白色衣服，受比丘禮拜。誹謗禪定戒律，漫罵徒衆，披露他人的隱私，不避譏諷嫌疑。此人口中常說神通自在，或者能令衆人從旁觀看佛土。這都是魔力迷惑衆人的結果，並不是眞實的存在。此人稱讚行淫，不改粗魯惡行，將各種猥狎輕浮的行為視作傳法。此名天地大力山精、海精、風精、河精、土精，一切草木積劫精魅；或者龍魅；或者是壽終之仙再活而成的鬼魅；或者是仙壽已終，計算年限已經到了死期，但其體不化而爲他怪所附的鬼魅。此等種種鬼魅，年老之後成魔，在世間惱亂修行之人。魔精附於人體，時間一久即生厭足之心，必然離體而去。此時，被魔精所附之人及其弟子，必定陷於大難之中。你應當對此先有覺知，才不致墜入輪迴。如果迷惑而沒有覺知，必將墮入無間地獄。

原典

「又善男子，受陰虛妙，不遭邪慮，圓定發明。三摩地中，心愛深入。剋己辛勤，樂處陰寂，貪求靜謐。爾時天魔，候得其便，飛精附人，口說經法。其人本不覺知魔著，亦言自得無上涅槃，來彼求陰善男子處，敷座說法。令其聽人，各知本業，或於其處，語一人言：汝今未死，已作畜生。敕使一人於後蹋尾，頓令其人起不能得。於是一衆，傾心欽伏。有人起心，已知其肇。佛律儀外，重加精苦。誹謗比丘，罵詈徒衆。訐露人事，不避譏嫌。口中好言：未然禍福，及至其時，毫髮無失。此大力鬼，年老成魔，惱亂是人。厭足心生、去彼人體。弟子與師，俱陷王難。汝當先覺，不入輪迴。迷惑不知，墮無間獄。

「又善男子，受陰虛妙，不遭邪慮，圓定發明。三摩地中，心愛知見。勤苦研尋，貪求宿命。爾時天魔，候得其便，飛精附人，口說經法。其人殊不覺知魔著，亦言自得無上涅槃。來彼求知善男子處，敷座說法。是人無端於說法處，得大寶珠，其魔或時化爲畜生，口銜其珠及雜珍寶，簡策符牘，諸奇異物。先授彼人，後著其體。或誘聽人，藏於地下，有明月珠，照耀其處。是諸聽者得未曾有。多食藥草，不餐嘉饌，或時日餐一麻一麥，其形肥充，魔力持故，誹謗比丘，罵詈徒衆，不避譏嫌。口中好言：他方寶藏，十方聖賢潛匿之處。隨其後者，往往見有奇異之人，此名山林、土地、城隍、川嶽、鬼神，年老成魔。或有宣淫，破佛戒律，與承事者，潛行五欲❶。或有精進，純食草木，無定行事。惱亂是人。厭足心生，去彼人體。弟子與師，俱陷王難。汝當先覺，不入輪迴。迷惑不知，墮無間獄。

「又善男子，受陰虛妙，不遭邪慮，圓定發明。三摩地中，心愛神通種種變化。研究化元，貪取神力。爾時天魔，候得其便，飛精附人，口說經法。其人誠不覺知魔著，亦言自得無上涅槃。來彼求通善男子處，敷座說法。是人或復手執火光，手撮其光，分於所聽四衆頭上。是諸聽人頂上火光皆長數尺，亦無熱性，曾不焚燒。或水上行，如履平地。或於空中，安坐不動。或入瓶內，或處囊中。越牖透垣，曾無障礙。惟於刀兵，不得自在。自言是佛，身著白衣，受比丘禮。誹謗禪律，罵詈徒衆。訐露人事，不避譏嫌。口中常說神通自在，或復令人旁見佛土。鬼力惑人，非有眞實。讚歎行淫，不毀麤行。將諸猥媟，以爲傳法。此名天地大力山精、海精、風精、河精、土精，一切草木積劫精魅；或復龍魅；或壽終仙，再活爲魅；或仙期終，計年應死，其形不化，他怪所附。年老成魔，惱亂是人。厭足心生，去彼人體。弟子與師，多陷王難。汝當先覺，不入輪迴。迷惑不知，墮無間獄。

注釋

❶**五欲**：指染著色、聲、香、味、觸五塵所引起之貪欲，故稱五欲。

譯文

「又有善男子，受陰虛明周遍，不爲任何邪念所迷惑，並於圓通妙定之中成就了受陰已盡的無礙境界。然而，在三摩地中卻生起身入空滅境地的愛心，研究變化之性，一心貪求深空境界。此時，天魔等候到時機，立時遣其魔精附於他人之體，並口說經法。此魔精所附之人最終也沒有覺知魔已附體，還自言得無上涅槃。此人來到一心求空的善知識處，設座說法。此人於大衆中形體突然變空，衆人什麼也看不見，忽而又從虛空中突然出現。此人出沒自在，或現自身，透徹如琉璃；或垂手足放散旃檀的香氣；或大小便，其味如濃石蜜。此人誹謗戒律，輕賤出家，口中常言：既無因又無果，人死之後就永遠滅亡了，不再有後世以及凡聖的區別。此人雖可得空寂的境界，卻暗行貪欲之事；而受其迷惑的人衆也可得到空寂之心，但卻亂談無因無果之說。此名曰月薄蝕、精氣、金玉、芝草、麟鳳、龜鶴，經千萬年不死而爲靈。此精靈出生國土，年老之後成魔，在世間惱亂修行之人。此魔精附於人體，日久而生厭足之心，必然離體而去。此時，此魔精附體之人及其弟子，多陷入大難之中。你應當對此先有覺知，才不致墜入輪迴。如果迷惑而沒有覺知，必將墮無間地獄。

「又有善男子，受陰虛明周遍，不爲任何邪念所惑，並於圓通妙定之中成就了受陰已盡的無礙境地。然而，在三摩地中卻生起長壽的愛心。在微妙的細節中辛苦地進行鑽研，一心貪求年歲永無止盡；捨棄了循序漸進的分段修行，希望頓成變易，使微細動相常住不動。此時，天魔等候到時機，立時遣其魔精附於他人之體，並口說經法。此魔精附體之人竟然不知魔已附身，還自言得無上涅槃。此人來到一心求長生的善男子處，設座說法。此人好言去他方來去無阻。或者雖離去萬里之遙，瞬息之間就可轉回，並於他方取來彼方之物；或者在某個地方的一間房屋裡，此屋大不過數步之間，但令一人從東牆走到西牆，這個人快步行走，經累年而不到，因此而得到衆人相信，以爲是佛身顯化於前。此人口中常說：十方一切衆生皆是我的兒子，諸佛是我所生，世界是我所造，我是無始無終的元佛，出生於自然而非修行所得。此名住世自在天魔。此魔使其眷屬，如遮文茶及四天王毗舍童子來到世間。他們乃是未發心歸佛之前的餓鬼，由於其定心通達一切，故能食人精氣。在沒有魔精附體之人的師教下，此修行人親自目睹了魔身顯現。此魔稱執金剛，許諾予此修行人長命之術，並化成美女身，與之廣行貪欲。此修行人未到老年，肝腦已經枯竭，並口中不斷自言自語，如同妖魅一樣。見此種情景的人，見不到魔身，不知是魔是聖，故大多陷入大難之中，他們在並未遭遇刑罰的情況下就先已乾死。此修行人因惱亂他人，以至自身殞命。你應當對此先有覺知，才不致墜入輪迴。如果迷惑而沒有覺知，必將墮無間地獄。

原典

「又善男子，受陰虛妙，不遭邪慮，圓定發明。三摩地中，心愛入滅。研究化性，貪求深空。爾時天魔，候得其便，飛精附人，口說經法，其人終不覺知魔著，亦言自得無上涅槃。來彼求空善男子處，敷座說法。於大衆內，其形忽空，衆無所見。還從虛空，突然而出。存沒自在，或現其身，洞如琉璃。或垂手足作栴檀氣❶。或大小便如厚石蜜。誹毀戒律，輕賤出家。口中常說無因無果，一死永滅，無復後身及諸凡聖。雖得空寂，潛行貪欲。受其欲者，亦得空心，撥無因果。此名日月薄蝕精氣❷、金玉芝草、麟鳳龜鶴，經千萬年不死爲靈。出生國土，年老成魔，惱亂是人。厭足心生，去彼人體。弟子與師，多陷王難。汝當先覺，不入輪迴。迷惑不知，墮無間獄。

「又善男子，受陰虛妙，不遭邪慮，圓定發明。三摩地中，心愛長壽。辛苦研幾，貪求永歲。棄分段生，頓希變易，細相常住。爾時天魔，候得其便，飛精附人，口說經法。其人竟不覺知魔著，亦言自得無上涅槃。來彼求生善男子處，敷座說法。好言他方往還無滯。或經萬里，瞬息再來。皆於彼方，取得其物。或於一處，在一宅中，數步之間，令其從東詣至西壁。是人急行，累年不到。因此心信，疑佛現前。口中常說：十方衆生皆是我子，我生諸佛，我出世界，我是元佛，出世自然，不因修得。此名住世自在天魔。使其眷屬，如遮文茶❸，及四天王毗舍童子❹，未發心者。利其虛明，食彼精氣。或不因師，其修行人親自觀見，稱執金剛❺，與汝長命，現美女身，盛行貪欲。未逾年歲，肝腦枯竭，口兼獨言，聽若妖魅。前人未詳，多陷王難，未及遇刑，先已乾死。惱亂彼人，以至殂殞。汝當先覺，不入輪迴。迷惑不知，墮無間獄。

注釋

❶**旃檀氣**：旃檀，香木名，譯曰與樂，因此香治熱病，去風腫，使人身形安樂故名。旃檀氣即旃檀的香味。

❷**日月薄蝕精氣**：薄，此處是侵犯、被蓋之意。全句意爲侵蝕日月的精氣，即指日蝕月蝕。

❸**遮文茶**：又云嫉妒女，怒神。惡鬼名，能以咒術厭禱，危害社會。

❹**毗舍童子**：即毗舍闍。餓鬼名，爲四天王之一的持國天王所統領。

❺**執金剛**：又云執金剛夜叉，遇佛出世即降生閻浮提，護衛世尊，防守道場。

譯文

「阿難，你應該知道，此十種魔，於末法之世，在我佛法之中出家修道。他們或附人體，或自現身形，都說自己已成就正遍覺知。他們稱讚淫欲，破佛律儀。這些惡魔的先師與魔弟子都是以淫傳淫，代代相承。他們以魔精附於人體，魅其心腑，近則九生，遠逾百世，使修行之人都變成魔的眷屬。他們命終之後，必然成爲魔民，失去正遍知覺，而墮入無間地獄。你現在無須先求寂滅，縱然先證得無學道果，也要留下大願，到處在末法之世的人間去，起大慈悲心，救度那些正心深信佛法的衆生，使他們不著於魔道，而得到正確的知見。我現在度你，你已經出離生死，你遵奉佛的話，就是報佛之恩。

「阿難，如上十種禪那所現情景，皆是想陰與定心交互作用時，想陰所表現的種種邪悟。衆生迷頑，不自思量，遇到此類因緣，迷不自識，還說自己證得了聖果，此大妄語一成，就必然墮入無間地獄。你們必須將我的話，在我入滅之後，傳示於末法時期，使一切衆生都能悟知此義，使天魔沒有機會施展魔力，庇護修行禪定的人，最終成就無上道。」

原典

「阿難當知，是十種魔，於末世時，在我法中，出家修道。或附人體，或自現形，皆言已成正遍知覺。讚歎淫欲，破佛律儀，先惡魔師，與魔弟子，淫淫相傳。如是邪精，魅其心腑，近則九生，多踰百世。令眞修行，總爲魔眷，命終之後，必爲魔民。失正遍知，墮無間獄。汝今未須先取寂滅，縱得無學，留願入彼末法之中，起大慈悲，救度正心深信衆生，令不著魔，得正知見。我今度汝，已出生死。汝遵佛語，名報佛恩。

「阿難，如是十種禪那現境，皆是想陰用心交互，故現斯事。衆生頑迷，不自忖量。逢此因緣，迷不自識，謂言登聖。大妄語成，墮無間獄。汝等必須將如來語，於我滅後，傳示末法。遍令衆生，開悟斯義，無令天魔得其方便，保持覆護，成無上道。」

10 卷十

譯文

「阿難，那些善男子修三摩提而使想陰漸漸消盡。此時，修行之人平日那樣的夢想已消失了，睡著時沒有夢，而醒來之後也沒有想，完全處於恆一的狀態之中。了覺明體虛無而靜寂，猶如晴空，再沒有粗重的塵境顯現於眼前。觀看世間，大地山河如同明鏡中的影子，來無所黏，去無蹤跡。像照鏡子一樣，心識所觸及的塵境不過是虛受而已，一切陳舊的積習都沒有了，剩下的唯有純一虛靜的覺明之體。生滅的根源從此披露，所能見到的十方世界一切十二類衆生，其生滅都不出此根源。十二類衆生雖然各有其命，並不相通，但其生滅行爲是相同的。就如同游動的田間地氣，波光瀲瀲，出沒難見，但畢竟是浮根塵境，最終也無法擺脫生死，此則名爲行陰區宇。如果此出沒不定波光瀲瀲的元體歸於純靜，從而永絕行陰種習，就如同水中的波瀾銷息，化作一片靜水，此名行陰盡。是人則能超越生滅不停的「衆生濁」。此時再觀察行陰所以產生，則是以幽深隱密的妄想為其根本的。

原典

「阿難，彼善男子修三摩提想陰盡者。是人平常夢想銷滅，寤寐恆一。覺明虛靜，猶如晴空，無復粗重前塵影事。觀諸世間大地山河，如鏡鑑明，來無所黏，過無蹤跡。虛受照應，了罔陳習，唯一精眞。生滅根元，從此披露，見諸十方十二衆生，畢殫其類。雖未通其各命由緒，見同生基。猶如野馬❶，熠熠❷清擾，為浮根塵，究竟樞穴。此則名為行陰區宇。若此清擾熠熠元性，性入元澄，一澄元習，如波瀾滅，化為澄水，名行陰盡。是人則能超衆生濁。觀其所由，幽隱妄想以為其本。

注釋

❶**野馬**：指浮游的田間地氣。《莊子成玄英疏》云：「青春之時，陽氣發動，遙望藪澤之中猶如奔馬，故謂之野馬。」

❷**熠熠**：音異，形容閃光發亮。

譯文

「阿難，你應當知道，在這種得正知的修止中，善男子的不動不迷的正心，可以使十類天魔都不能有機可乘，因此可以精心地研究諸種生類的生死本因，從而在本類中使行陰顯露，觀察到行陰幽深而遷流不息的微細動相的根源。此時，如果只從此微細的動相中起心計度，則此人就將墜入二種無因論中。

「一者，此人認爲行陰沒有產生的本因。爲什麼？此人既然已見生滅之因披露，就可用眼根的八百功德見八萬劫中的所有衆生。隨著衆生行業的流轉循環，此死而彼生，看到的唯有衆生在八萬劫中生死輪迴，八萬劫外卻什麼也看不見。於是就作了這樣的理解：此世間中的十方一切衆生，自八萬劫來無因而自有。如果由此起心計度，則將亡失正遍之知，墮入外道，從而迷失菩提覺性。

「二者，此人認爲本既無因，末也無因。爲什麼？此人從諸類生中既然見其根本，知道人是由人生的，由此悟知鳥生鳥。烏鴉從來就是黑的，鵠從來就是白的，人和天人本來就是豎著走的，畜生本來就是横著走的，白並不是洗成的，黑也不是染造的，而這種種情況，自八萬劫以來從沒有改變過。現在已窮盡了未來的一切形物而無一例外，那麼，八萬劫來本來不見有菩提覺性，爲何今日更有成菩提之事？由此知道，今天的一切物相皆是無因而自有。由此起心計度，則將亡失正遍之知，墮入外道，從而迷失菩提覺性。這種情況是名第一外道，立無因論。

原典

「阿難當知，是得正知奢摩他中諸善男子，凝明正心，十類天魔不得其便，方得精研窮生類本，於本類中，生元露者，觀彼幽清圓擾動元。於圓元中，起計度❶者，是人墜入二無因論。

「一者，是人見本無因。何以故？是人既得生機全破，乘於眼根八百功德，見八萬劫所有衆生。業流灣環，死此生彼。祇見衆生輪迴其處，八萬劫外，冥無所觀。便作是解：此等世間十方衆生，八萬劫來，無因自有。由此計度，亡正遍知，墮落外道，惑菩提性。

「二者，是人見末無因。何以故？是人於生既見其根，知人生人，悟鳥生鳥，烏從來黑，鵠❷從來白，人天本豎，畜生本橫，白非洗成，黑非染造，從八萬劫，無復改移。今盡此形，亦復如是。而我本來不見菩提。云何更有成菩提事？當知今日一切物象，皆本無因。由此計度，亡正遍知，墮落外道，惑菩提性。是則名為第一外道，立無因論。

注釋

❶**計度**：主觀的思量推測。

❷**鵠**：即天鵝。

譯文

「阿難，在此三摩地中，諸善男子的不動不迷的正心使諸魔無機可乘，窮極諸生類產生的本因，觀察到行陰幽深而遷流不息的微細動相的根元。此時，如果只從遍常的行陰中起心計度，是人就將墜入四種遍常論中。

「一者，此人窮研內心和外境產生的原因，認為皆是無因而自有，依此修習則能知兩萬劫中十方衆生所有的生生滅滅都是此生彼死，循環往復，不曾散失，此人執此以爲常。

「二者，此人窮研四大，見其體性常住，依此修習能知四萬劫中十方衆生的所有生滅都是四大和合而成，其體皆爲永恆的存在，不曾散失，此人執此以爲常。

「三者，此人精細地研究六根、末那及執受（第八識），窮盡了八識中的心、意和識的一切方面，直至其原本產生的原因，認爲其性眞常不變。依此修行則能知八萬劫中一切衆生，在生滅的循環往復中，本來就是永存常住的，其性永遠不會散失，此人執此以爲常。

「四者，此人想陰既然已經滅盡，而行陰就更沒有流止運轉。既然生滅想心今已永滅，行陰也就理所當然的成爲不生不滅的。由於心的妄想執著，就錯誤地認爲行陰爲常。

「由此四種執常出發，必然亡失正遍之知，而墮入外道，從而迷失菩提覺性。這種情況名爲第二外道，立圓常說。

原典

「阿難，是三摩中諸善男子，凝明正心，魔不得便，窮生類本，觀彼幽清常擾動元。於圓常❶中，起計度者，是人墜入四遍常論。

「一者，是人窮心境性，二處無因，修習能知二萬劫中，十方衆生，所有生滅，咸皆循環，不曾散失，計以爲常。

「二者，是人窮四大元❷，四性常住，修習能知四萬劫中，十方衆生，所有生滅，咸皆體恆，不曾散失，計以爲常。

「三者，是人窮盡六根末那執受，心意識中，本元由處，性常恆故。修習能知八萬劫中，一切衆生，循環不失，本來常住，窮不失性，計以爲常。

「四者，是人既盡想元，生理更無流止運轉。生滅想心，今已永滅，理中自然成不生滅。因心所度，計以爲常。

「由此計常，亡正遍知，墮落外道，惑菩提性。是則名爲第二外道，立圓常論。

注釋

❶**圓常**：圓，圓滿周遍；常，恆常不變，無生無滅。

❷**四大元**：四大即地水火風；元，根元。

譯文

「又有三摩地中的善男子，堅固而不動的正心使心魔無機可乘。他窮研諸衆生類產生的根本原因，觀察行陰幽深，而遷流不息的微細動相的根元。此時，如果於自和他中起心計度，就將墜入四顚倒見中，一部分爲無常，一部分爲常論。

「一者，此人觀妙明自心能遍及十方界，此心性湛然清澈，以爲這就是最高的神我。由此認爲我的自心是遍滿十方，是眞常不動的，而一切衆生在我心中自生自死。我的心性名之爲常，而衆生的自生自滅爲無常。

「二者，此人不觀察自心，卻遍觀十方恆沙國土，把劫數處於壞劫處的國土衆生，稱爲究竟無常種性；把劫數中處於不壞處的國土衆生，稱究竟常。

「三者，此人從別處觀察自心精細微密之處，就如同細小難見的微塵。其自心在十方國土中流轉而其性沒有改變，能令自身，既可生又可滅。其不壞滅的自心，名我性常；而自心中流出的自身的無常生滅，名無常之性。

「四者，此人知想陰已經消盡，見行陰在不斷變化。此常常變化的行陰，被認爲是常性；而色、受及想陰等今已滅盡，名爲無常。

「由此四者起心計度，而把行陰分爲一部分爲無常，一部分爲常，這就必將墮入外道，從而迷失菩提覺性。這種情況名爲第三外道，一分常論。

原典

「又三摩中諸善男子，堅凝正心，魔不得便。窮生類本，觀彼幽淸，常擾動元。於自他中，起計度者，是人墜入四顚倒見，一分無常，一分常論。

「一者，是人觀妙明心，遍十方界，湛然以爲究竟神我❶。從是則計：我遍十方，凝明不動。一切衆生，於我心中自生自死。則我心性名之爲常，彼生滅者，眞無常性。

「二者，是人不觀其心。遍觀十方恆沙國土，見劫壞處，名爲究竟無常種性。劫不壞處，名究竟常。

「三者，是人別觀我心，精細微密，猶如微塵。流輪十方，性無移改。能令此身，即生即滅。其不壞性，名我性常。一切死生從我流出，名無常性。

「四者，是人知想陰盡，見行陰流。行陰常流，計爲常性。色受想等，今已滅盡，名爲無常。

「由此計度，一分無常，一分常故，墮落外道，惑菩提性。是則名爲第三外道，一分常論。

注釋

❶**神我**：指靈妙不可思議永存的我爲實體，稱神我。佛教認爲這是外道，此外道有二十五諦，第二十五諦爲神我。

譯文

「又有三摩地中的諸善男子，其堅固不動的正心使心魔無機可乘。此善男子窮研了諸衆生類產生的根本原因，觀察行陰幽深，而遷流不息的微細動相的根元。此時，如果於分位中起心計度，此人就將墜入四有邊論。

「一者，此人起心研究生滅的本源，看到生滅之相遷流不息。如果由此起心，從生類去世或未生之前說，名爲有邊；如果從心的相續不滅說，名爲無邊。

「二者，此人觀察八萬劫內，看到衆生在八萬劫以前寂然難測既無聞又無見。此無聞見之處，名無邊；而有衆生生滅之處，名有邊。

「三者，此人自覺心量遍知一切，而得無邊性，其他一切人都顯現在我的知中，而我並不曾知其他一切人的知性，此名彼不得無邊之心，只有有邊之性。

「四者，此人窮研行陰欲求空性，以其所見，用妄想的思路度量一切衆生，認爲衆生的一世生身都是半生半滅，並由此判明世界中所有的一切都是一半有邊，一半無邊。

「由此四者起心計度有邊無邊，必將墮入外道，而迷失菩提覺性。這種情況名第四外道，立有邊論。

原典

「又三摩中諸善男子，堅凝正心，魔不得便。窮生類本，觀彼幽清常擾動元。於分位❶中生計度者，是人墜入四有邊論。

「一者，是人心計生元，流用不息。計過未者，名爲有邊。計相續心，名爲無邊。

「二者，是人觀八萬劫，則見衆生八萬劫前，寂無聞見。無聞見處，名爲無邊。有衆生處，名爲有邊。

「三者，是人計我遍知，得無邊性。彼一切人現我知中，我曾不知彼之知性。名彼不得無邊之心，但有邊性。

「四者，是人窮行陰空，以其所見，心路籌度❷一切衆生，一身之中，計其咸皆半生半滅，明其世界一切所有，一半有邊，一半無邊。

「由此計度，有邊無邊，墮落外道，惑菩提性。是則名爲第四外道，立有邊論。

注釋

❶**分位**：指事物在變化中所區分的不同地位，如波浪是水的一種分位等。

❷**心路籌度**：心中的思路，故稱心路；籌度，計算度量。

譯文

「又有三摩地中的諸善男子，其堅固不動的正心使魔無機可乘。此善男子窮研諸衆生類產生的本因，觀察行陰幽深而遷流不息的微細動相的根元。此時，如果由此知見之中，心起計度者，此人必墜入四種顛倒，語無倫次而妄爲虛假之論。

「一者，此人在觀察變化的本元時，看到遷移流動之處名之爲變。看見相續不斷之處名之爲恆。看見能看見的地方，名之爲生。看不到能看見的地方名之爲滅。生滅相續，必有相續之因使之不斷，其相續之因名之爲增。此生和滅的前後相續之間，必有難以見到的相離之處。此相離之處，往往被忽略不見，名之爲滅。諸種生類各有各的生處名之爲有。諸種生類又各有各的滅處名之爲無。此人從行陰生滅變化的總相中進行觀察，費盡心思去進行分別。當有求法之人前來詢問行陰含義，此人回答說：我今亦生、亦滅，亦有、亦無，亦增、亦減。這種回答不分時間地點，無論在什麼時候，其語皆是混亂的，使問義之人不知執是執非，不僅無益增進，就連在此之前所習經論章句也一並遺失。

「二者，此人認眞觀察諸生類之心，看到他們相互之間，你中無我，我中無你。因爲無得到實證，故有人來問，回答就只有一字，即無。但言其無，除一無字外，再沒有別的話可說。

「三者，此人認眞觀察諸生類之心，又看到他們之中各有各的生處。因爲有得到實證，故有人來問，回答就只有一字即是。但言其是，除一是字外，再沒有別的話可說。

「四者，此人在觀察諸生類時，既看到有又看到無，在同一境界中分出無和有兩種枝解。這種或是或無的不定的理解，使心識紊亂，有人來問，就回答說：亦有也就是亦無；在無之中又不是有。總之，一切概念都被搞亂了，如果追問下去就很難自圓其說。

「由此矯亂虛妄的語言中起心計度，此人必墮入外道，而迷失菩提覺性。這種情況名第五外道，四顛倒性，是語無倫次的遍計虛論。

原典

「又三摩中諸善男子，堅凝正心，魔不得便。窮生類本，觀彼幽淸常擾動元。於知見中生計度者，是人墜入四種顚倒不死矯亂❶，遍計虛論。

「一者，是人觀變化元。見遷流處，名之爲變。見相續處，名之爲恆。見所有處，名之爲生。不見見處，名之爲滅。相續之因，性不斷處，名之爲增。正相續中，中所離處，名之爲減。各各生處，名之爲有。互互亡處，名之爲無。以理都觀，用心別見。有求法人，來問其義。答言：我今亦生亦滅，亦有亦無、亦增亦減。於一切時皆亂其語，令彼前人遺失章句。

「二者，是人諦觀其心，互互無處，因無得證，有人來問，惟答一字，但言其無。除無之餘，無所言說。

「三者，是人諦觀其心，各各有處，因有得證。有人來問，惟答一字，但言其是。

除是之餘，無所言說。

「四者，是人有無俱見。其境枝❷故，其心亦亂。有人來問，答言亦有，即是亦無，亦無之中，不是亦有。一切矯亂，無容窮詰。

「由此計度，矯亂虛無，墮落外道，惑菩提性。是則名為第五外道，四顛倒性，不死矯亂，遍計虛論。

注釋

❶**不死矯亂**：《瑜伽師地論》卷六所述十六外論之十，此外道認為：我事不死之淨天。問其不死之理，則為矯亂之答。

❷**枝**：如一木分成二枝。

譯文

「又有三摩地中的諸善男子，其堅固不動的正心使魔無機可乘。此善男子窮研諸衆生類的生滅本因，觀察行陰幽深而遷流不息的微細動相的根元。此時，如果由此無盡的遷流中，起心計度，此人必將墜入死後有相，而產生顛倒之心。

「或者自己堅固其身，說色身即是我；或者見自身圓通，遍含一切國土，說我身之中包含著一切色。或者認爲眼前之色法是隨著我而運轉往復，故云色屬於我。或者認爲我是在色中相續而存在，故云我在色中。這些都是心起計度，言死後有相所產生的。如果這樣地循環起心，可成十六種相，由此起心，或者畢竟煩惱，或者畢竟菩提，兩性並行增進，各不相礙。由此計度死後有相者，必墮入外道而迷失菩提覺性。這種情況名第六外道，立五陰中，死後有相，心顛倒論。

原典

「又三摩中諸善男子，堅凝正心，魔不得便。窮生類本，觀彼幽清常擾動元。於無盡流，生計度者，是人墜入死後有相，發心顛倒。

「或自固身，云色是我。或見我圓，含遍國土，云我有色。或彼前緣隨我回復，云色屬我；或復我依行中相續，云我在色。皆計度言，死後有相。如是循環有十六相。從此或計，畢竟煩惱❶，畢竟菩提❷。兩性並驅，各不相觸。由此計度，死後有故。墮

落外道，惑菩提性。是則名爲第六外道，立五陰中，死後有相，心顛倒論。

注釋

❶**畢竟煩惱**：即煩惱所達到的極限。

❷**畢竟菩提**：畢竟，最終、最高、終極三意。即最高的菩提，指佛所證得的菩提，又稱無上覺。

譯文

「又有三摩地中的諸善男子，其堅固不動的正心使魔無機可乘。此善男子窮研諸衆生類產生的本因，觀察諸衆生類幽深而遷流不息的根元。此時，如果首先從滅除色、受、想陰中起心計度，則此人必墜入死後無相，而產生顛倒之心。

「此人見其色滅，則形色無所依托。觀其想滅則心無所繫。知其受滅，則色心之間失去連綴。陰性既然已經消散，縱然有能生之理，而因爲沒有受、想爲用，也只能與草木類同。這種如同草木的形質雖然已經顯在眼前，因爲其色已滅，所以仍然不能得見，那麼，死後爲什麼說還更有諸相？由此考察，死後應該無相。如果這樣的循環下去，可成八種無相。從此計度，或者涅槃，或者因果，一切皆空，徒有名字，究竟斷滅。

「由此死後無相起心計度，則此人必將墮入外道，而迷失菩提覺性。這種情況名爲第七外道，立五陰中，死後無相，心顛倒論。

原典

「又三摩中諸善男子，堅凝正心，魔不得便。窮生類本，觀彼幽淸常擾動元。於先除滅色受想中生計度者，是人墜入死後無相，發心顚倒。

「見其色滅，形無所因。觀其想滅，心無所繫。知其受滅，無復連綴。陰性消散，縱有生理，而無受想，與草木同。此質現前猶不可得，死後云何更有諸相？因之勘校死後相無。如是循環，有八無相。從此或計涅槃因果，一切皆空。徒有名字，究竟斷滅。

「由此計度死後無故，墮落外道，惑菩提性。是則名爲第七外道，立五陰中，死後無相，心顛倒論。

譯文

「又三摩地中的諸善男子，其堅固不動的正心，使魔無機可乘。此善男子窮研諸衆生類的生滅本因，觀察諸衆生類幽深而常流不息的微細動相的根元。此時，如果於行陰尚存，而同時受陰、想陰已經消失的情況之下，起雙心計度，既計度有又計度無，這樣自身體相就破。此人必墜入死後一切都不是，既不是有，也不是無，從而起顛倒論。

「在色陰、受陰、想陰中見到的行陰是有，但此有與滅一樣是非有。在行陰的遷移流動之中，觀察色陰、受陰、想陰已滅是無，但此無與動一樣是非無。如此這樣的循環，可以窮盡諸陰中的八種非相。因爲在每一陰中都說死後既有相又無相。這樣，從世間一切萬事萬物起心計度，其性都是在有和無的遷流變化之中。由此心起悟解，則有和無彼此混淆，是非虛實就難以確定。

「這種關於死後俱非的起心計度，使未來之際混沌一片，無法用言語表述。這樣就必然墮入外道，而迷失菩提覺性。這種情況名第八外道，立五陰中，死後俱非，心顛倒論。

原典

「又三摩中諸善男子，堅凝正心，魔不得便。窮生類本，觀彼幽清常擾動元。於行存中，兼受想滅，雙計有無，自體相破。是人墜入死後俱非，起顛倒論。

「色受想中，見有非有。行遷流內，觀無不無。如是循環，窮盡陰界八俱非相❶。隨得一緣，皆言死後有相無相。又計諸行，性遷訛故，心發通悟。有無俱非，虛實失措。

「由此計度死後俱非，後際昏瞢，無可道故。墮落外道，惑菩提性，是則名為第八外道，立五陰中，死後俱非，心顛倒論。

注釋

❶**八俱非相**：指色、受、想、行四陰在死後「見有非有」、「觀無不無」的有無俱非的

八種情況。

譯文

「又三摩地中的諸善男子，其堅固不動的正心使魔無機可乘。此善男子窮研諸衆生類的生滅本因，觀察諸衆生類幽深而常流不息的微細動相的根元。諸衆生類念念遷流，有無相生，不斷有新的滅處產生，稱後後無。由此後後無中起心計度，是人必墜入七斷滅論。

「或者從身滅計度，或者從欲盡滅計度，或者從苦盡滅計度，或者從極樂滅計度，或者從極捨滅計度，如此循環窮盡七際。現前的一切都銷滅了，既然已經銷滅，也就不會再有。由此死後一切斷滅而起心計度，必墮入外道，而迷失菩提覺心。這種情況名第九外道，立五陰中，死後斷滅，心顛倒論。

原典

「又三摩中諸善男子，堅凝正心，魔不得便。窮生類本，觀彼幽清常擾動元。於後後無❶生計度者。是人墜入七斷滅❷論。

「或計身滅，或欲盡滅，或苦盡滅，或極樂滅，或極捨滅，如是循環窮盡七際❸。現前消滅，滅已無復。由此計度死後斷滅，墮落外道，惑菩提性。是則名爲第九外道，立五陰中，死後斷滅，心顚倒論。

注釋

❶**後後無**：諸生類念念遷流，有無相生，不斷有新的滅處生出，稱後後無。

❷**七斷滅**：指四大種所造之色身、欲界、色界、四無色天死後皆斷滅。

❸**七際**：指四洲、六欲、初禪、二禪、三禪、四禪、四空共七處，稱七際。

譯文

「又三摩地中的諸善男子，其堅固不動的正心使魔無機可乘。此善男子窮研諸衆生類生滅的本因，觀察諸衆生類幽深而常流不息的微細動相的根元。諸衆生類念念遷流，有無相生，不斷有新的生處產生，稱後後有。由此後後有中，起心計度，此人必墜入五涅槃論。

「或以欲界爲不再更有轉生的眞涅槃境界，遍觀其境，清徹明麗而生愛慕。或者以初禪爲無憂之境。或以二禪爲心無苦之境。或以三禪極盡歡悅具大隨順之境。或以四禪爲苦樂俱亡，不再受輪迴生滅的常住之境。這樣，就把有漏諸天妄計爲無；把五處即欲界、初禪、二禪、三禪、四禪當作安隱之境，最勝清淨所依之地。如是這樣的循環，五處都將變成究竟涅槃。

「由此五處所現涅槃計度，必墮入外道，而迷失菩提覺心。這種情況名爲第十外道，立五陰中，五現涅槃，心顚倒論。

原典

「又三摩中諸善男子，堅凝正心，魔不得便。窮生類本，觀彼幽清常擾動元。於後後有❶生計度者，是人墜入五涅槃❷論。

「或以欲界爲正轉依，觀見圓明，生愛慕故。或以初禪，性無憂故。或以二禪，心無苦故，或以三禪，極悅隨故。或以四禪，苦樂二亡，不受輪迴，生滅性故。迷有漏天，作無爲解。五處安隱，爲勝淨依。如是循環，五處究竟。

「由此計度五現涅槃。墮落外道，惑菩提性。是則名爲第十外道，立五陰中，五現涅槃，心顚倒論。

注釋

❶**後後有**：諸生類念念遷流，有無相生，不斷有新的有生，稱後後有。

❷**五涅槃**：指凡夫以住欲界、初禪、二禪、三禪、四禪爲最勝涅槃歸依之處。

譯文

「阿難，如上十種在禪那中的狂妄理解，都是定心與行陰交互作用時，行陰表現出來的種種邪悟。衆生愚癡迷惑，不自思量，遇到此種邪悟現前，以迷爲解，還自言證得了聖果，此大妄語成，必墮無間地獄。你們一定將我的話，在我去世之後，傳示於末法時期，使一切衆生都能明了此義，從而不讓心魔自作深重罪孽，使定心保持覆護，消盡邪見。要教導衆生在身心中開悟眞義，於無上道中不再誤入外道歧途。要他們不要以求得少爲足，要以作大覺王，身心淸淨爲最終目標。

原典

「阿難，如是十種禪那狂解❶，皆是行陰用心交互，故現斯悟。衆生頑迷，不自忖量。逢此現前，以迷爲解，自言登聖。大妄語成，墮無間獄。汝等必須將如來語，於我滅後，傳示末法。遍令衆生覺了斯義。無令心魔自起深孽，保持覆護，消息邪見。教其身心開覺眞義，於無上道不遭枝歧。勿令心祈，得少爲足，作大覺王❷淸淨標指。

注釋

❶**狂解**：邪妄的理解。

❷**大覺王**：大覺指佛所具有的覺性。大覺王即佛的覺性已達自在之程度。

譯文

「阿難，這些善男子修三摩地使行陰消盡之時，諸世間一切十二類衆生遷流變化的微細動相中相通的同一根基，忽然斷裂了其間相連接的極其細微的綱紐。衆生在諸趣中流轉受生的主體補特伽羅，其酬答宿業的命脈，其對行業的因果感應也由此斷絕了。此時，在昏如長夜的涅槃天中，將要開悟大明，就像雄雞最後一次啼叫之後，瞻望東方，曙光已經出現。六根虛靜，再沒有遷流變化。內外湛然明淨，同歸一體，入既不存在，就更沒有所入。從而可以深達十方十二類衆生的受命元由。觀其受命之由，執其受生之本，十二類衆生皆不受因果報應之召，此時，十方世界已獲同一識性，猶如東方不沉的陽光，能使一切幽暗秘密之物顯現出來。此則名爲識陰區宇。

「如果受因果牽連的十二類衆生已獲得同一識性，使六根消盡，成就合開功用，那麼，見與聞就失去相區別的鄰界，其功用也就互通無礙了。這時，十方世界及衆生的身心，就如同吠琉璃，內外明徹，此名識陰盡。此修行人則能超越「命濁」。這時再觀識陰所由，乃是把本不存在的假相看作實有的顛倒妄想作爲根本的。

「阿難，你應當知道，此善男子，窮研諸行而見行陰空相，而於識陰之處反本歸元。此時，生滅諸行已寂滅了。然而，因識陰未盡而於此寂滅的純眞體性則未得圓滿。如果能令自身六根之間合開而爲一境，不見根相，又與十方諸種生類覺知相通，而使一切覺知統同混一，就能進入圓明識陰區宇。如果於此所歸識陰，以為是眞常歸依之境而產生殊勝之解者，此人就將墮入本不是最終的歸依之處而妄計為歸依之境的執見之中（因所因執）。外道娑毗迦羅所歸依的冥諦與此相類，可以為伴。此人由此迷惑成佛的菩提覺性，而亡失正知正見，此名第一立所得心，成所歸果。識陰並非圓通眞實之境，妄計歸依，必然遠離圓通妙心，不見涅槃成聖之城，而生外道種。

原典

「阿難，彼善男子修三摩地行陰盡者，諸世間性，幽清擾動，同分生機，倏然隳裂，沈細綱紐。補特伽羅酬業深脈，感應懸絕。於涅槃天❶，將大明悟。如雞後鳴，瞻顧東方，已有精色❷。六根虛靜，無復馳逸。內外湛明，入無所入。深達十方十二種類受命元由。觀由執元，諸類不召❸。於十方界，已獲其同，精色不沈，發現幽祕，此則名為識陰區宇。

「若於群召已獲同中，消磨六門，合開成就。見聞通鄰，互用清淨。十方世界及與身心，如吠琉璃❹，內外明徹。名識陰盡。是人則能超越命濁。觀其所由，罔象虛無，顚倒妄想以爲其本。

「阿難當知，是善男子窮諸行空，於識還元。已滅生滅，而於寂滅，精妙未圓。能令己身，根隔合開，亦與十方諸類通覺。覺知通溍❺，能入圓元。若於所歸立眞常因，生勝解者，是人則墮因所因執。娑毗迦羅所歸冥諦，成其伴侶。迷佛菩提，亡失知見。是名第一立所得心，成所歸果。違遠圓通，背涅槃城❻，生外道種。

注釋

❶**涅槃天**：指有生死的世間和出世間。此天爲五陰所覆，昏如長夜。

❷**精色**：清明之色，即曙光。

❸**諸類不召**：即行陰已盡，諸生類不再受果報輪轉。

❹**吠琉璃**：即琉璃，又稱毗琉璃，是出自須彌山的一種寶。其寶青色、瑩徹有光，凡物相，皆與其同色。

❺**溍**：合也。

❻**涅槃城**：涅槃爲聖者所居，故比譬爲宮城。《大智度論》卷二十云：「諸法實相是涅

槃城，城有三門空、無相、無作。」

譯文

「阿難，又有善男子，窮研諸行而見行陰空相。此時，生滅諸行已滅，然而，因識陰未盡，而於此寂滅的純眞體性則未得圓滿。如果於所歸識陰以爲就是自體，認爲所有虛空界十二類衆生中的所有衆生都是從我身中一類一類流出的，從而生殊勝之解，此人則將墮入能非能執（我能生彼衆生，實則不能的執見）。自在天神摩醯首羅，自計自身現無邊之身與此類同，可成其伴侶。此人由此迷惑成佛的菩提覺性，而亡失正知正見。此名第二立能爲心（能造化之心），成能事果（能成造化之實果）。識陰並非圓通眞實之境，如果妄計識陰能生一切，必然遠離圓通妙心，不見涅槃成聖之城，而生大慢天，我體周遍一切之種。

原典

「阿難，又善男子，窮諸行空。已滅生滅，而於寂滅精妙未圓。若於所歸覽爲自體，盡虛空界十二類內所有衆生，皆我身中一類流出。生勝解者，是人則墮能非能執。摩醯首羅❶現無邊身，成其伴侶。迷佛菩提，亡失知見。是名第二立能爲心，成能事果。違遠圓通，背涅槃城，生大慢天，我遍圓種。

注釋

❶**摩醯首羅**：又名莫醯伊濕代羅，譯曰大自在，即外道所云自在天之主神。《涅槃論》云：「於三界中所有一切，命非命物皆是摩醯首羅天生」，即大自在天身中可現無有邊際的衆生之身。

譯文

「又有善男子，窮研諸行而見行陰空相。此時，生滅諸行已滅。然而，因識陰未盡，而於此寂滅的純眞體性則未得圓滿。如果以所歸識陰爲自身的歸依之處，而疑自己的身心是從此識陰中流出，進而十方虛空也皆是由此識陰生起。由此認爲自身及十方虛空的共同生起之處，即識陰是眞常之身，無生無滅。這種在識陰未盡，而生滅尚存之中，妄計常住，這是既對眞正的不生不滅的常住之性迷惑不知，也是對處在生滅之中的識陰迷惑不知，從而安住於深沉的迷惑之中。如果以此產生殊勝之解者，此人就將墮入以非常住爲常住的執見之中。此與自在天能現一切之身是相同的，可與之爲伴侶。此人由此迷惑成佛的菩提覺性，而亡失正知正見。是名第三立因依心，成妄計果（即依識陰妄計常住）。識陰並非圓通眞實之境，妄計識陰爲常住之身，必然遠離圓通妙心，不見涅槃成聖之城，而生倒圓種（即識陰周遍一切，我由識陰所生）。

原典

「又善男子，窮諸行空。已滅生滅，而於寂滅，精妙未圓。若於所歸有所歸依，自疑身心從彼流出。十方虛空咸其生起，即於都起所宣流地，作眞常身無生滅解。在生滅中，早計常住。既惑不生，亦迷生滅。安住沈迷，生勝解者，是人則墮常非常執。計自在天，成其伴侶。迷佛菩提，亡失知見。是名第三立因依心，成妄計果。違遠圓通，背涅槃城，生倒圓種。

譯文

「又有善男子，窮研諸行，而見行陰空相，此時生滅諸行已滅。然而，因識陰未盡，而於此寂滅的純眞體性則未得圓滿。如果以此所歸識陰以爲有知，其知又周遍一切，即一切法皆由此識陰之知生起，並因此立解，則十方草木皆應叫做有情而與人無異。草木可以爲人，人死之後又還原成十方草樹。如果以這種不分有情無情皆有知性爲出發點，而生殊勝之解者，此人將墮入知無知執（即以無知而爲有知的執見），婆吒和霰尼就是主張有情無情皆有覺知的，可與之爲伴侶。此人由此迷惑成佛的菩提覺性，而亡失正知正見。是名第四計圓知心，成虛謬果。識陰並非圓通眞實之境，如果以爲識陰有知且周遍一切，必然遠離圓通妙心，不見涅槃成聖之城，而生倒知種（以無知爲知）。

原典

「又善男子，窮諸行空。已滅生滅，而於寂滅精妙未圓。若於所知，知遍圓故。

因知立解，十方草木皆稱有情，與人無異。草木爲人，人死還成十方草樹。無擇遍知，生勝解者，是人則墮知無知執。婆吒霰尼❶執一切覺，成其伴侶。迷佛菩提，亡失知見，是名第四計圓知心，成虛謬果。違遠圓通，背涅槃城，生倒知種。

注釋

❶婆吒霰尼：即婆吒和霰尼，二外道師名。他們主張涅槃無常，並認爲草木有命。

譯文

「又有善男子，窮研諸行，而見行陰空相。此時，生滅諸行已經寂滅。然而，因識陰未盡，而於此寂滅的純眞體性還未得圓滿。如果於六根圓融，功用互通中，已得隨順之心，便能在隨順心中圓融四大等一切變化。追求火的光明，歡喜水的清淨，愛慕風的周流不息，觀察塵土成就萬物，各自隨其所好而崇拜奉事。如果以此四大群塵爲造作一切的本因，而作無生無滅的常住之解，此人就將墮入生無生執（即本無生而妄計能生的執見）。諸迦葉波及婆羅門等就是精勤修行身心，奉事火而崇拜水，妄圖從中證得出離生死的眞實聖果，與此妄計類同，可以與之爲伴侶。此人由此迷惑成佛的菩提覺性，而亡失正知正見。此名第五計著崇事（即崇拜四大爲造作萬化之本因）。此執見使菩提覺心迷失，四大不是本因而要從中妄求萬物造作之因，本無果可證而妄求眞實之果。這就必然遠離圓通妙心，不見涅槃成聖之城，而生顚化種（因果皆妄而顚倒生化之理）。

原典

「又善男子，窮諸行空。已滅生滅，而於寂滅精妙未圓。若於圓融，根互用中，已得隨順，使於圓化一切發生。求火光明，樂水清淨，愛風周流，觀塵成就，各各崇事。以此群塵發作本因，立常住解，是人則墮生無生執。諸迦葉波❶，並婆羅門，勤心役身，事火崇水，求出生死，成其伴侶。迷佛菩提，亡失知見。是名第五計著崇事，迷心從物。立妄求因，求妄冀果。違遠圓通，背涅槃城，生顚化種。

注釋

❶**迦葉波**：為家族之姓，這裡可能指佛弟子優樓頻螺迦葉、伽耶迦葉、那提迦葉三兄弟。據說其先人崇拜火。

譯文

「又有善男子，窮研諸行，知見行陰空相。此時生滅諸行已經寂滅。然而，因識陰未盡，而於此寂滅的純眞體性遠未得圓滿。如果將此圓明的識陰區宇，妄計為虛無之境，進而想毀滅世間一切變化之物，使之永遠除滅，而虛空則永為歸依之所。由此生殊勝之解者，此人將墮入歸無歸執（以虛無為歸依之所，實則並非眞實歸依之處的執見）。無想天中諸外道天一味窮究捨棄之道而入空滅，與此妄計類同，可與之為伴侶。此人由此迷惑成佛的菩提覺性，而亡失正見正知。是名第六圓虛無心，成空亡果（以虛空為心，以斷滅為果的執見）。這就必然遠離圓通妙心，不見涅槃成聖之城，而生斷滅之種。

原典

「又善男子，窮諸行空。已滅生滅，而於寂滅精妙未圓。若於圓明，計明中虛，非滅群化。以永滅依，爲所歸依，生勝解者，是人則墮歸無歸執。無想天中，諸舜若多❶，成其伴侶。迷佛菩提，亡失知見。是名第六圓虛無心，成空亡果。違遠圓通，背涅槃城，生斷滅種。

注釋

❶**舜若多**：佛教術語，意譯曰空性，一指虛空沒有實體，不可銷毀；一指諸法空性。此二空名二空性。

譯文

「又有善男子，窮研諸行而知見行陰空相。此時，生滅諸行已經寂滅。然而，因識陰未盡而於此寂滅的純眞體性遠未得圓滿。如果於此圓常識陰區城而欲使自身堅固常住，如同圓常之性長住不死，由此生殊勝之解，此人將墮入貪非貪執（貪長生實則無長生可貪的執見）。諸阿斯托求長壽者可與之爲伴侶。此人由此迷惑成佛的菩提覺性，而亡失正知正見，此名第七執著識陰爲命元，依識陰妄立堅固之因，趣長壽徒勞之果，必然遠離圓通妙心，不見涅槃成聖之城，而生妄延壽命之種。

原典

「又善男子，窮諸行空。已滅生滅，而於寂滅精妙未圓。若於圓常，固身常住。同於精圓，長不傾逝，生勝解者，是人則墮貪非貪執。諸阿斯陀❶，求長命者，成其伴侶。迷佛菩提，亡失知見。是名第七執著命元，立固妄因，趣長勞果，違遠圓通，背涅槃城，生妄延種。

注釋

❶**阿斯陀**：意譯曰無比，古仙名。此仙壽命極長，無能比者。

譯文

「又有善男子，窮研諸行，而知見行陰空相。此時，生滅諸行已經寂滅。然而，因識陰未盡，而於此寂滅的純眞體性還未得圓滿。如果觀此識陰命元互通，以爲塵勞銷盡，命無即斷。爲了留住塵勞，恐其銷盡，故於此時坐蓮華宮中，廣化七寶，多增美女，放縱其心，由此生殊勝解者，此人必墮眞無眞執（以識陰命元爲眞主宰，實則非眞的執見）。吒枳迦羅結縛三界，破壞超越三界的修行，與彼妄留塵勞相同，可以與之爲伴侶。此人由此迷惑成佛的菩提覺性，而亡失正知正見，此名第八發邪思因，立妥縱塵勞果，必然遠離圓通妙心，不見涅槃成聖之城，而生天魔種。

原典

「又善男子，窮諸行空。已滅生滅，而於寂滅精妙未圓。觀命互通，卻留塵勞，恐其銷盡。便於此際坐蓮華宮，廣化七珍❶，多增寶媛，恣縱其心。生勝解者，是人則墮眞無眞執。吒枳迦羅❷，成其伴侶。迷佛菩提，亡失知見。是名第八發邪思因，立熾塵果。違遠圓通，背涅槃城，生天魔種。

注釋

❶**七珍**：與七寶同。

❷**吒枳迦羅**：三魔之一的天魔，意爲三界結縛。此天魔統攝欲界第六天，作種種障礙，使人不能成就超越三界生死的修行。

譯文

「又有善男子，窮研諸行，而知見行陰空相。此時，生滅諸行已經寂滅。然而，因識陰未盡，於此寂滅的純眞體性還未得圓滿。如果於此識陰受命發明中分別精粗，疏決眞僞，就發現精粗眞僞皆是因果感應的對應酬答。此時，如果唯求感應，必然去苦修實證，以便速超三界，這就背離了清淨之道，這就是所謂的斷苦集之因，修滅苦集之道。當滅道修成，更不思前進。由此生殊勝解者，此人必將墮入定性聲聞乘中而成純阿羅漢。那些稍得功用就以爲證得聖果的無聞比丘及未證得聖道而自謂證得聖果的增上慢者，與此相類，可以與之爲伴侶。此人由此迷惑成佛的菩提覺性，而亡失正知正見。此名第九圓滿專求感應之心，成趣向寂滅之果。這必然遠離圓通妙心，不見涅槃成聖之城，而成纏空之種（爲空所縛）。

原典

「又善男子，窮諸行空。已滅生滅，而於寂滅精妙未圓。於命明中，分別精粗，疏決眞僞。因果相酬，惟求感應，背清淨道。所謂見苦斷集，證滅修道。居滅已休，更不前進。生勝解者，是人則墮定性聲聞❶。諸無聞僧，增上慢者，成其伴侶。迷佛菩提，亡失知見。是名第九圓精應心，成趣寂果。違遠圓通，背涅槃城，生纏空種。

注釋

❶**定性聲聞**：即只能證此乘最高道果阿羅漢，不會再有增進。

譯文

「又有善男子，窮研諸行，知見行陰空相。此時，生滅諸行已經寂滅。然而，因識陰未盡，於此寂滅的純眞體性還未得圓滿。如果於此圓融清淨的識陰區宇，發心研究深妙之悟，並以此所悟即認爲是證得涅槃，而不再思前進。由此生殊勝之解者，此人將墮入定性辟支佛境。諸緣覺聲聞等不再回心向佛者成其伴侶。此人由此迷惑成佛的菩提覺性，而亡失正知正見，是名第十圓融清淨之心，成涅槃湛明之果。必然遠離圓通妙心，不見涅槃成聖之城，而生果德圓滿，不再化悟圓通之種。

原典

「又善男子，窮諸行空。已滅生滅，而於寂滅精妙未圓。若於圓融清淨覺明，發研深妙，即立涅槃而不前進。生勝解者。是人則墮定性辟支。諸緣獨倫不迴心者，成其伴侶。迷佛菩提，亡失知見。是名第十圓覺溍心，成湛明果。違遠圓通，背涅槃城，生覺圓明不化圓種。

譯文

「阿難，如上十種禪那末及圓通而在中途各起狂解，又依此迷惑之解，於未得足證之中而生滿足，這都是識陰與定心交互作用時，識陰所生狂解所示現的種種邪悟。衆生迷頑，不自思量，逢此種種邪悟顯前，各以其所愛邪種及先前不正確的修習，從而迷失本心，就此修止，以爲是畢竟所歸依的安寧之地，並自言滿足了無上菩提。此大妄語成，外道邪魔所感應的業果也就終結了，從而墮無間地獄，聲聞緣覺也不會再有增進。

「你們要存如來大悲之心，秉持如來自覺覺他之道，將此辨析邪魔的法門於我去世之後，傳示於末法時期，令一切衆生都徹悟此義，使他們不被邪魔所著而自作深重孽行。安保哀救之心，銷息諸種邪緣，使其身心入證佛的知見。從一開始就直往成佛之道，而不入歧途。先前，在過去世，在如同恆河沙那樣無量的劫數中的無數如來都是依此法門使心開悟而證得無上道果的。

「如果識陰已盡，則你表露出來的諸根就相互融通而成爲一境。一根中皆兼有其他五根而功用互通，從此功用互通中就能進入菩薩修行的第一個階位金剛乾慧地。此時，知見之心通照無邊，於中生發出更高階位的神通，就如同清淨透明的琉璃，內中包含著寶月。這樣，就可超越十信、十住、十行、十回向、四加行心。這時，菩薩所行金剛十地所獲得的無上正等正覺也就達到了它的最高境界，從而進入如來具足萬德的妙莊嚴海，使菩提覺性圓滿，歸入無所得境。這是過去先佛世尊，在觀察中對細微魔事所作的清晰明確的分析。

「如果魔境顯現，你能深知其中情由，自然心垢除盡而不落入邪見。既然諸陰邪魔之悟銷滅，天魔的侵擾就被粉碎，大力鬼神丟魂喪魄，逃之夭夭；魑魅魍魎也從此不再復生，從而直達菩提覺心。諸種修行無一缺乏，聲聞緣覺等下劣衆生皆可增進至大涅槃而心不迷悶。

「如果諸末法時期愚昧的衆生，不識禪那修行，不知如何說法，而又喜歡修行三昧。你恐怕他們走入邪道，應一心一意勸說他們持誦我的佛頂陀羅尼咒，如果不能背誦，就書寫在禪堂之中，或攜帶在身上，這樣，一切諸魔就無法動撓。你應當恭敬承奉十方如來的究竟修進，此修進爲衆生最後樹立了榜樣。」

原典

「阿難，如是十種禪那，中途成狂。因依迷惑，於未足中，生滿足證。皆是識陰用心交互，故生斯位。衆生頑迷，不自忖量，逢此現前，各以所愛先習迷心，而自休息。將爲畢竟所歸寧地，自言滿足無上菩提。大妄語成，外道邪魔所感業終，墮無間獄，聲聞緣覺不成增進。

「汝等存心，秉如來道。將此法門，於我滅後，傳示末世，普令衆生覺了斯義。無令見魔，自作沈孽。保綏哀救，消息邪緣。令其身心入佛知見，從始成就，不遭歧路。如是法門，先過去世恆沙劫中，微塵如來，乘此心開，得無上道。

「識陰若盡，則汝現前，諸根互用。從互用中，能入菩薩金剛乾慧❶。圓明精心，於中發化。如淨琉璃，內含寶月。如是乃超十信❷、十住❸、十行❹、十回向❺、四加行心❻。菩薩所行金剛十地❼，等覺圓明，入於如來妙莊嚴海。圓滿菩提，歸無所得。此是過去先佛世尊，奢摩他中毗婆舍那，覺明分析微細魔事。

「魔境現前，汝能諳識。心垢洗除，不落邪見。陰魔銷滅，天魔摧碎。大力鬼神，褫魄逃逝。魑魅魍魎，無復出生。直至菩提，無諸少乏，下劣增進，於大涅槃心不迷悶。

「若諸末世愚鈍衆生，未識禪那，不知說法，樂修三昧，汝恐同邪，一心勸令持我佛頂陀羅尼咒❽。若未能誦，寫於禪堂，或帶身上，一切諸魔所不能動。汝當恭欽十方如來，究竟修進最後垂範。」

注釋

❶**乾慧**：指乾慧地，是聲聞、緣覺、菩薩三乘十地的第一地。其十地是乾慧地、性地、八忍地、見地、薄地、離欲地、已辦地、辟支佛地、菩薩地、佛地。乾者乾燥，即智慧尚未淳熟。

❷**十信**：菩薩修行的第一個十階位，即信心、念心、精進心、慧心、定心、不退心、護法心、回向心、戒心、願心。

❸**十住**：菩薩修行的第二個十階位，即發心住、治地住、修行住、生貴住、方便具足住、正心住、不退住、童眞住、法王子住、灌頂住。

❹**十行**：菩薩修行的第三個十階位，即歡喜行、饒益行、無瞋行、無盡行、離癡亂行、善現行、無著行、尊重行、善法行、眞實行。

❺**十回向**：菩薩修行的第四個階位。回向，即以大悲心救護一切衆生。十回向即救護一切衆生離衆生相回向、不壞回向、等一切佛回向、至一切處回向、無盡功德藏回向、隨順平等善根回向、隨順等觀一切衆生回向、眞如相回向、無縛解脱回向、法界無量回向。

❻**四加行心**：是大乘法相宗在菩薩修行的五十二階位中又加進去的四種行位，又稱四善根，是明得定、明增定、印順定、無間定四種禪定所得的四種功德。它們分別是煖（暖）、頂、忍、世第一法。

❼**金剛十地**：即菩薩所行十地，爲菩薩修行的第五個十階位，一般指歡喜地、離垢地、發光地、焰慧地、極難勝地、現前地、遠行地、不動地、善慧地、法雲地。

❽**咒**：佛教把潛心佛法，一心不亂即可有神異效應者稱咒，又稱咒陀羅尼。

譯文

此時，阿難從座位上起立，聽聞佛的教誨，並向佛頂禮以表示欽奉佛的教旨。爲了憶念執持佛的法門無漏無失，阿難在大衆中再次對佛言說：「如佛所說的五陰所表現的種種邪悟，是以五種虛妄爲根本想心，我們平時未曾蒙受如來作微細開示。另外，此等五陰是一起消除，還是一個一個漸次消盡；五陰相互關連，何處是它們的邊界？唯願如來，發宣大慈之心，爲我們大家詳示此中道理，以使我們的心目清淨明亮，並爲末法時期的一切衆生提供一副智慧的眼目。」

佛告訴阿難說：「純眞不變之體通照圓融，本覺明心圓滿清淨，不容有任何生死及一切塵垢存在其中，甚至包括虛空。因爲這些色相皆是妄想所生起的。這些色相本來是緣於本覺妙明眞體，是不存在的，是妄想產生的世間的各種形器。就好像演若多，其頭本是眞實的，而迷悟不識，而把鏡中的影子認爲是眞實的。這些妄想所產生的各種形器本來是沒有根據的，是妄想中成立的因緣假相，因迷不自識，而以此因緣假相謬稱爲自然存在。彼虛空之性尙且是幻生出來的並非眞實的存在，而因緣自然就更是衆生妄想之心的顚倒計度。

「阿難，如果你能知道妄計有所起之處，可以說妄想是因緣所生。如果妄想本就沒有所起之處，說妄想爲因緣所生元本就是虛無而並非實有。何況那些連因緣也不了解的人，只好把妄想所產生的各種形器推認爲自然所生了。正因爲這樣，如來爲你們闡明五陰的本因皆是依妄想而立。

原典

阿難即從座起，聞佛示誨，頂禮欽奉。憶持無失，於大衆中，重複白佛：「如佛所言，五陰相中，五種虛妄，爲本想心。我等平常，未蒙如來微細開示。又此五陰，爲併銷除，爲次第盡。如是五重，詣何爲界？惟願如來發宣大慈，爲此大衆清明心目，以爲末世一切衆生作將來眼❶。」

佛告阿難：「精眞妙明，本覺圓淨，非留死生，及諸塵垢，乃至虛空，皆因妄想之所生起。斯元本覺妙明精眞，妄以發生諸器世間。如演若多，迷頭認影❷。妄元無因，於妄想中，立因緣性。迷因緣者，稱爲自然。彼虛空性，猶實幻生。因緣自然，皆是衆生妄心計度。

「阿難，知妄所起，說妄因緣。若妄元無，說妄因緣元無所有。何況不知，推自然者。是故如來與汝發明，五陰本因，同是妄想。

注釋

❶**將來眼**：從經文内容理解，此眼指五眼中的法眼，即菩薩所具有的智慧之眼。

❷**演若多，迷頭認影**：演若多即演若達多，人名，意譯祠授，因祭祠天而得子，佛教故事中的人物。迷頭認影，是說演若多不識自己的頭是眞實的，而把鏡子中的頭影認爲是眞實的。

譯文

「你的身體，先是因爲父母動愛想之心而生，但是，如果自己沒有想心，你就不能與父母的想心相合，從而來到胎中續傳命根。如同我已說過的那樣，心中想到酸味，口中就生口水；心中想著登高，足心就產生酸澀的感覺。懸崖並不存在，醋物也沒有拿來，而你的身體又必定不是與虛妄同爲一類，那麼，爲什麼口水會因爲談酸而生出呢？由此應當知道，你現在的色身名爲堅固第一妄想。

「即如上面所說，當有登高想心時，能使你的形體眞的感受到酸澀的感覺。因爲有妄想之因而產生受心，並能觸動色體。這種顯現在你眼前的順益受（樂受）、違損受（苦受）和兩種受心相互驅馳（不苦不樂受）的現象名爲虛明第二妄想。

「由你的一念思慮可以指使你的色身，而你的色身與你的思念並非一類，爲什麼你的色身可以隨著你的思念的指使而產生種種變化？心生一念，而色身則隨著思念而取像，與念相應。醒的時候即是心想，而睡著的時候則是夢想。你的想念就是這樣一種動搖不定的虛妄之情，名爲融通第三妄想。

「變化之性是不停頓的，是在念念之中不知不覺地緩慢地遷移變動著，就如指甲長長，頭髮生長，壯氣漸銷，面容漸皺一樣，是在日以繼夜地進行著，人們在念念之中不曾覺知。阿難，此變化之身若非你身，爲什麼你的身體會有遷變；如果此變化之身必是你的眞身，其遷流變化你爲何無有感覺？這是因爲你身上的諸種遷流變化是在念念之中不知不覺地進行著。此名幽隱第四妄想。

「又，如果你的諸想已盡，身心如同湛然明淨之體，不爲任何浮想所干擾而精純如一，名爲恆長。此時，於自身中不再有見聞覺知。如果純眞恆長之性眞的是不容有習妄之事，爲何你們在以往的年代曾目睹一奇異之物，經過數年之後已忘得乾乾淨淨？後來，忽然又重新看見此異物時，以往看見此物的情景又歷歷在目，不曾遺忘，這是此純眞恆長之性於湛然不動之中，似乎已忘卻了一切，實則於念念之中所受熏習不曾有剎那間歇，這種熏習其頭緒之多是無法籌算的。

「阿難，你應當知道，此湛然明淨之體並不是眞常之性，如同急流之水，看上去十分恬靜，不見流水之急，實際上並不是沒有流動。如果此湛然之體不是妄想之元，怎麼能接受妄習呢？只有當你的六根根隔消除，合開爲一，功用互通之時，不然，此妄想就沒有銷滅之時。因此，你現在的見聞覺知，其中貫穿著受熏習的微細種子，這樣，此湛然不動實際上是一種虛無的假相，此名第五顚倒細微精想。

「阿難，如上五種受陰皆是妄想所成。你現在想知道五陰相互關連的界限的淺深，我告訴你：唯有色和空是色陰的邊際；唯有觸和離是受陰的邊際；唯有記和忘是想陰的邊際；唯有滅和生是行陰的邊際；湛然不動之體無一念而入，內外通明，就歸於識陰邊際。

「此五陰元本是重疊生起，其生起皆是因識而有，其滅亡則是從色除識盡而來。從道理上講，破除五陰可以頓悟，只要徹悟了達五陰爲妄想所生就可頓消顚倒之想。然而，修斷五陰之事，卻不是一時能夠頓除的，需要五陰一個一個逐漸破除。我已拿劫波羅天所奉上的華巾，綰成六個結，向你說明了六結雖然同出一巾，但結與結並不相同的道理。你有什麼不明白的，爲什麼還要再次詢問？

「你應當將此五陰產生的根元，即皆是妄想所現，從心中了悟通達，並傳示於將來的末法時期，使諸修行之人，皆能識其虛妄，從而深厭產生妄想的自己的生身。五陰已盡，涅槃眞體現前，安行聖道，不再留戀三界。

原典

「汝體先因父母想生。汝心非想，則不能來想中傳命。如我先言，心想醋味，口中涎生。心想登高，足心酸起。懸崖不有，醋物未來。汝體必非虛妄通倫，口水如何因談醋出？是故當知，汝現色身，名爲堅固第一妄想。

「即此所說臨高想心，能令汝形，眞受酸澀。由因受生，能動色體。汝今現前順益違損，二現驅馳，名爲虛明第二妄想。

「由汝念慮，使汝色身。身非念倫，汝身何因，隨念所使，種種取像，心生形取，與念相應。寤即想心，寐爲諸夢。則汝想念，搖動妄情，名爲融通第三妄想。

「化理不住，運運密移，甲長髮生，氣消容皺，日夜相代，曾無覺悟。阿難，此若非汝，云何體遷；如必是眞，汝何無覺？則汝諸行，念念不停，名爲幽隱第四妄想。

「又，汝精明湛不搖處，名恆常者。於身不出見聞覺知。若實精眞，不容習妄，何因汝等，曾於昔年睹一奇物，經歷年歲，憶忘俱無？於後忽然覆睹前異，記憶宛然，曾不遺失，則此精了，湛不搖中，念念受熏，有何籌算。

「阿難，當知此湛非眞，如急流水，望如恬靜，流急不見，非是無流。若非想元，寧受妄習？非汝六根互用合開，此之妄想，無時得滅。故汝現在見聞覺知，中串習幾❶，則湛了內罔象❷虛無。第五顚倒細微精想。

「阿難，是五受陰，五妄想成。汝今欲知因界淺深。惟色與空，是色邊際。惟觸及離，是受邊際。惟記與忘，是想邊際。惟滅與生，是行邊際。湛入合湛，歸識邊際。

「此五陰元，重疊生起。生因識有，滅從色除。理則頓悟，乘悟併消。事非頓除，因次第盡。我已示汝劫波巾結❸，何所不明，再此詢問？

「汝應將此妄想根元，心得開通，傳示將來末法之中諸修行者，令識虛妄，深厭自生。知有涅槃，不戀三界。

注釋

❶**習幾**：習，習氣，習慣；幾，微細。此云見聞覺知中能受熏習的微細種子。

❷**罔象**：似實而無的假相。

❸**我已示汝劫波巾結**：即該經卷五云：「如來取劫波羅天（夜摩天）所奉華巾，於大衆前綰成一結。……如是倫次綰疊華巾，總成六結，一一結成……」。以此說明「同中生畢竟異」之義。

譯文

「阿難，如果還有人，使遍滿十方一切的虛空皆充滿七寶，並持之以供奉微塵數諸佛，心中十分虔誠。你以為此人因為有此施供會得到多少福報？」阿難回答說：「虛空是無盡的，珍寶也是無邊際的。過去，有一衆生，僅施佛七錢，在捨身之後就獲得轉輪王位，何況現在窮盡一切虛空，充遍佛土皆施珍寶，我窮盡劫數進行思量，尚不能及其份量，其福報之多，何能用有邊際來說呢？」

佛告訴阿難：「諸佛如來所說的話是不虛妄的。如果有人身具殺盜淫妄四重罪和十種惡行，轉瞬之間就墮入此方、他方的阿鼻地獄，乃至窮盡十方的一切無間地獄他都要經歷。就是這樣的大罪之人，如果能起一念，將我的這個法門，於末劫之中開示於末學，此人的罪孽將隨著此念的生起而消除，其所遭受地獄苦的罪因也將轉變成安樂國土。其人所得之福將超過他之前向諸佛施財人的百倍千倍，千萬億倍，如是乃至用數字計算或譬喻都無法表達的倍數。

「阿難，若有衆生能夠持誦此經，能夠持誦此咒，像我一樣向廣大衆生宣揚此經，窮其一生而無止盡，並依照我的言教，如實地進行自利利他的修行，就會直接成就菩提，而不會再遭魔業。」

佛宣說完此經之後，在坐的比丘、比丘尼、優婆塞、優婆夷，一切世間的天人阿修羅，以及諸他方的菩薩、二乘、聖仙、童子，並初發心向佛的大力鬼神，皆大歡喜，向佛禮拜之後而各自歸去。

原典

「阿難，若復有人，遍滿十方所有虛空，盈滿七寶，持以奉上微塵諸佛，承事供養，心無虛度。於意云何，是人以此施佛因緣，得福多不？」阿難答言：「虛空無盡，珍寶無邊。昔有衆生，施佛七錢，捨身猶獲轉輪王❶位，況復現前虛空既窮，佛土充遍，皆施珍寶。窮劫思議，尚不能及，是福云何，更有邊際？」

佛告阿難：「諸佛如來，語無虛妄。若復有人，身具四重❷、十波羅夷❸，瞬息即經此方、他方阿鼻地獄，乃至窮盡十方無間，靡不經歷。能以一念將此法門，於末劫中開示末學。是人罪障，應念銷滅，變其所受地獄苦因，成安樂國。得福超越前之施人，百倍千倍，千萬億倍，如是乃至算數譬喻所不能及。

「阿難，若有衆生，能誦此經，能持此咒。如我廣說，窮劫不盡。依我教言，如教行道，直成菩提，無復魔業。」

佛說此經已，比丘、比丘尼、優婆塞、優婆夷，一切世間天人、阿修羅，及諸他方菩薩二乘、聖仙、童子，並初發心大力鬼神，皆大歡喜，作禮而去。

注釋

❶**轉輪王**：又稱轉輪聖王，輪王，古印度神話中的聖王。此王身具三十二相。其生時，由天感得輪寶，轉其輪寶可以降服四方。此王包括金、銀、銅、鐵四王，各有相應的金屬制輪寶。

❷**四重**：即四重罪，又稱四波羅夷，指淫罪、盜罪、殺生罪、大妄語罪。是小乘的四重罪。

❸**十波羅夷**：是大乘所講的十重罪，即殺、盜、淫、妄語、酤酒、說四衆過、自讚毀他、慳惜加毀、瞋心不受悔、謗三寶。

源
流

《楞嚴經》是唐中宗神龍年間翻譯成漢文的。這部經譯出之後雖有許多爭議，但對中國佛教所產生的影響卻是很難磨滅的。

《楞嚴經》是一部大乘佛教的單譯經。從歷代佛經目錄關於大乘經的分類看，《楞嚴經》不屬於般若、寶積、大集、華嚴、涅槃這五大部中的任何一類，也與《法華》、《維摩》、《勝鬘》及菩薩一類的大乘經有區別，因此，被劃入大乘密部經類。筆者認爲這樣的分類未必十分公允，因爲《楞嚴經》對中國佛教的實際影響並不在於它的密教的內容，而是它的關於諸法實相、如來藏性、萬法一心等與諸多大乘顯教的學說相同或相通的思想。這些佛教思想並非大乘密部經的特色。然而，在《楞嚴經》中確實有著反映大乘密教思想的內容。

在《楞嚴經》的卷七中，幾乎用了全卷的文字，講述了如何建立道場，如何誦念神咒的種種規則和禮儀，還宣示了一篇長達二千七百餘字的神咒咒文，宣講了神咒的種種法力等。毫無疑問，這完全是屬於密教的內容。從這個意義上說，歷代佛經目錄學家把《楞嚴經》歸入大乘密部是有著一定的道理。《楞嚴經》中的密教內容，說明這部經與印度密教的產生和發展有著直接關係。這對我們了解《楞嚴經》的形成有著重要的意義。

研究表明，印度佛教發展到六世紀至七世紀時期逐漸密教化，七世紀初形成為有組織的信仰，到七世紀中葉以後則成為印度佛教具有主導地位的教派。密教的形成有一個歷史過程，它是通過從早期帶有相當濃厚的民間信仰形式的所謂雜密階段，逐漸發展並形成為具有系統信仰形態的佛教密教。在中國佛教的發展史上，早在東晉時代（公元三一七──四二〇年），就有諸如《大孔雀王神咒經》、《孔雀王雜咒經》、《陀羅尼鉢經》等屬於佛教雜密經典的譯介。

到了我國的中唐時代，即七世紀下半葉至八世紀，正值印度密教的成熟和發展時期，所以此時來華的印度僧人也以極大的興趣和努力，翻譯了一批印度密教的經典，這就是為唐代密宗的建立奠定基礎的《大日經》、《金剛頂經》等。而《楞嚴經》就是在這一歷史背景下問世的一部大乘經。正如上面所述，筆者不大同意《楞嚴經》是一部密教的經典，但它確實又包括了一卷有著從設壇、誦咒儀軌、咒文和宣示神咒法力等系統密教內容的經文。這說明這部經是受到了密教思想的影響，而且是較為系統的影響。

根據以上的歷史背景，我們至少可以得出這樣的結論，即《楞嚴經》比起大多數大乘經來說，是一部較爲晚出的大乘經，它的問世的最早年代當在七世紀初葉印度密教形成的時代，因爲這一時期印度密教才有了比較系統的體系；最晚也不能晚於七世紀末，因爲八世紀初《楞嚴經》已被翻譯成漢文，並開始在中國流行。

正因爲《楞嚴經》是一部較爲晚出的經典，所以它在內容方面就顯得十分豐富和龐雜，具有明顯的兼容並蓄的思想特點。它既有《般若經》諸法性空的思想；也包含有《華嚴經》所提出的十方諸佛，三界唯心以及十地等菩薩修行的種種十法階位的思想；還包括了《法華經》諸法實相，開權顯實的思想；也有《涅槃經》的關於佛性的學說，以及禪定、律儀、誦咒等大乘佛教關於修行方面的豐富內容等等。然而，在大乘佛教的諸多經典中，《楞嚴經》到底跟哪些經典更接近，或者說它的直接源頭到底在哪裡？這是一個很難說清楚的問題。正因爲如此，《楞嚴經》就成爲一部有爭議的經典，甚至出現了關於它是一部僞經的長達千餘年的爭論。

《楞嚴經》至今未見梵文原本，在印度佛教史上也不曾留下它的痕跡。但是，自它譯成漢文並在中國流行之後，卻對中國佛教產生了影響。這種影響可以說是它的流。

這種流可概括爲兩方面的內容：一是爲唐以後各宗各派所共同接受，成爲佛門必讀的要典；一是研究注釋《楞嚴經》的著述自唐迄今層出不窮，不可勝記。

《楞嚴經》以其豐富的思想內容，以及在佛教理論和修行兩方面的具體闡述，成爲唐以後中國佛教各宗的思想依據之一，並爲各宗所重視。它的直顯眞實心的思想成爲中國禪宗直指人心，頓悟成佛思想的經典根據之一；它的於一毛端現寶王剎，圓融無礙的思想又與中國華嚴宗的無礙緣起的思想十分接近；而天台宗的止觀學說及三諦圓融的思想也可以在《楞嚴經》中找到根據；中國法相宗所講的八識阿賴耶識，在《楞嚴經》中也多有闡述；至於律宗、淨土宗以及密宗都可以在《楞嚴經》中找到自己的根據。

因此，呂澂先生才有「賢家據以解緣起，台家引以說止觀，禪者援以證頓悟、密宗又取以通顯一」的論議。在佛教寺廟中，不管是比丘，還是比丘尼，每當早課的時候，都要背誦《楞嚴經》中那長達兩千餘字的神咒。這是中國僧人的必修課，從明清時代開始，至今仍然沒有絲毫的動搖。

對歷代佛經的疏注家們來說，《楞嚴經》被他們視爲佛門寶典。因此，疏注《楞嚴經》就成爲他們「福德尤大」，窮畢生精力從事的事業❶，歷代注疏《楞嚴經》的著作也因此而特別多，其數量之大，在大乘經中只有《金剛經》、《心經》、《妙法蓮華經》等少數著名經典可以與之相比。下面僅根據《大佛頂楞嚴蒙鈔・古今疏解品目》，爲讀者提供一個唐至明代疏注《楞嚴經》的書目，以此概見一般。

㈠唐惟慤《楞嚴經玄贊》三卷。

㈡唐慧震《楞嚴經科判》。

㈢唐弘沇《楞嚴經疏》。

㈣唐道巘《楞嚴說文》（此書不傳）。

㈤五代延壽《宗鏡錄》。此書集錄大乘經論、諸家語錄撰成，其中多取證於《楞嚴經》。

㈥宋崇節《楞嚴經撰刪補疏》。

㈦宋靈光・洪敏《楞嚴經證眞鈔》。

㈧宋子璿《首楞嚴義疏注經》二十卷。

㈨宋曉月《楞嚴經標指要義》。

(十)宋咸輝《楞嚴經義海》三十卷。

(十一)宋智圓《楞嚴經疏》十卷。

(十二)宋智圓《楞嚴經谷響鈔》十卷。

(十三)宋仁岳《楞嚴經集解》十卷。

(十四)宋仁岳《楞嚴經熏聞記》五卷。

(十五)宋懷坦《楞嚴經集註》十卷。此書所集包括神智〈補註〉、竹庵〈補遺〉、北逢〈解題〉諸書。

(十六)宋慧洪《尊頂法輪》十卷。

(十七)宋正受《楞嚴合論補》。

(十八)宋王安石《首楞嚴疏義》。

(十九)宋張無盡《楞嚴海眼經》。

(二十)宋戒環《楞嚴經要解》十卷。

(廿一)元明本《楞嚴徵心辨見或問》一卷。

(廿二)元惟則《大佛頂首楞嚴經會解》十卷。

(廿三)明淨行《楞嚴廣註》十卷。

(廿四)明普泰《楞嚴管見》。

(廿五)明德清《首楞嚴經懸鏡》一卷。

(廿六)明德清《首楞嚴經通議》十卷。

(廿七)明真可《楞嚴解》一卷。

(廿八)明洪恩《雪浪楞嚴解》一卷。

(廿九)明袾宏《楞嚴摸象記》一卷。

(卅)明界澄《首楞嚴經新疏》十卷。

(卅一)明鎮澄《首楞嚴經正觀疏》十卷。

(卅二)明殷邁《榮木軒贅言》一卷。

(卅三)明管志道《楞嚴質問》一卷。《榮木軒贅言》論楞嚴要義，管著書質疑。

(卅四)明曾風儀《楞嚴宗通》。

(卅五)明眞鑑《大佛頂首楞嚴經正脈疏》十卷。

(卅六)明傳燈《首楞嚴經玄義》二卷。其師百松著有《楞嚴百問》。

㊼明傳燈《首楞嚴經會解圓通疏》十卷。

㊽明智旭《大佛頂首楞嚴經玄義》二卷。

㊾明智旭《大佛頂首楞嚴經文句》十卷。

㊿明鐘伯敬、賀中男《楞嚴如說》十卷。

注釋：

❶清錢謙益《大佛頂楞嚴蒙鈔》卷首前文《佛頂蒙鈔目錄後記》，清光緒十五年（公元一八八九年）蘇城瑪瑙經房藏板。

解說

正如筆者在本書開始的〈題解〉一文中所述，《楞嚴經》是一部自譯出之後，就被一部份佛教學者斥爲「僞經」的佛教典籍。然而，就是那些堅持「僞經」說的佛學大師們，也承認《楞嚴經》在佛門中「流行尤遍」❶，影響甚衆。那麼，《楞嚴經》爲什麼會有如此巨大的影響呢？歸根到底還在於《楞嚴經》所宣講的佛教理論包含著極其豐富的內容，它適合唐以後中國佛教發展的需要，從而才爲各宗各派所共同接受。這也如同太虛大師所說：「吾別有論，嘗謂震旦佛法，純一佛乘，歷代宏建，不出八宗，曰少林，曰廬山，曰南山，曰開元，曰天台，曰清涼，曰慈恩，曰嘉祥。約其行相別之，則禪、淨、律、密、教是也。然一部中兼該禪、淨、律、密、教五，而又各各專重，各各圓極，觀之諸流通部，既未概見，尋之一大藏教，蓋亦希有。故唯本經（即《楞嚴經》）最得通量。雖（遂）謂震旦所宏宗教，皆信解本經，證入本經者可也。」❷

《楞嚴經》是一部內容十分豐富且體系龐雜的大乘經，在它所構築的大乘佛學的體系中，幾乎涉及到佛教理論中的所有概念。在佛教大藏經的分類中，一般把《楞嚴經》歸入「秘密經」，這是因爲在此經卷七的經文中，有建立壇室和宣說神咒的大段文字，以及長達二千七百餘字的「楞嚴咒」文。實際上，《楞嚴經》中密教的內容並不佔主導地位。

《楞嚴經》共十卷，約七萬餘言。按照注家的觀點，全經內容可劃分為三部份：第一部份稱「經序分」，起自經首「如是我聞」至「提獎阿難及摩登伽歸來佛所」一段，即卷第一開始的一段；第二部份稱「經宗分」，即宣講經義的正文，緊接經序，起自「阿難見佛頂禮悲泣，恨無始來……」，至卷第十將完的「傳示將來末法之中諸修行者……知有涅槃，不戀三界」第三部份稱「經益分」，又稱「流通分」，即全經的結束語，指經文的最後一段。這段經文說，能持此經並廣說此經者就可「直成菩提」而受益無窮。「經序分」和「經益分」兩部份內容，文字很少，一目了然。「經宗分」則是全經的主體，內容比較龐雜，因此本文想分作兩部份介紹，一部份是談全經的內容梗概，即按卷略述經文內容；第二部份想概略地談談該經所提出的主要佛教思想。

經文的第一卷，包括經序部份，這部份內容在有的經疏著作中稱「首楞嚴會」，即佛在祇桓精舍與衆比丘及「無量辟支無學」舉行法會，演說「深奧」佛法。阿難外出沒有參加而遭摩登伽女的大幻術，佛以神咒護持救回佛所。阿難悔恨自己「未全道力」而請佛指示修行止觀及禪那的「最初方便」。佛通過與阿難的問答，開始說法，自此進入「經宗分」的正文部份。

在正文的開始，佛提出了一個基本觀點，即衆生「生死相續，皆由不知常住眞心性淨明體，用諸妄想，此想不眞，故有輪轉」。由此出發，佛爲了破妄顯眞，七次問阿難識心「今何所在？」但阿難的七次回答，如回答在身內、在身外、在眼根內、或同時在內在外等都遭到佛的駁斥。這就是所謂「七處徵心」。然後，佛爲衆生明解兩種根本，即「無始生死根本」和「無始菩提涅槃」。前者爲妄，是衆生眼耳等六根產生的妄識；後者即常住眞心。衆生因不明此兩種根本，其修行就如同「煮沙欲成嘉饌」。在第一卷的最後和第二卷的開始，佛以種種比喩，如拳頭的開合、肉身的變皺、恆河水的長流不息等來開示不生不滅，不失不還，不雜無礙，不分超情的常住眞心之體，稱「十番顯見」。衆生所以不能識妄歸眞，皆是由妄見造成，所以佛又進一步分析了兩種妄見，即別業妄見和同分妄見。別業妄見就是如同一個生眚病的人見月亮是兩個一樣，是發生在某一人或某一事上的妄見；同分妄見即大家共同的妄見。進而，佛指出衆生所在世間的一切妄識塵境，包括五陰、六入、十二處到十八界，它們都是

「因緣和合，虛妄有生；因緣別離，虛妄名滅」，它們本是如來藏妙眞如性所顯。

在第二卷的最後部份和第三卷中，佛爲與會大衆逐個解說五陰、六入、十二處以及十八界等皆是虛妄不實的道理。進而，又解說地、水、風、火、空、見及識等「七大」，也皆是「識心分別計度，但有言說，都無實意」的道理，並指出「父母所生之身」，就如同虛空中的微塵，「若存若亡」；如同大海中漂浮的水花，「起滅無從」，只有本覺妙心才是「常住不滅」的。

在經文的第四卷中，佛首先以富樓那的發問爲因，即「一切根、塵、陰、處、界等皆如來藏清淨本然，云何忽生山河大地諸有爲相？」講述了四大產生，宇宙形成，「世界相續」；「情想合離，更相變易……衆生相續」；「貪愛同滋」，生殺盜淫，以成「業報相續」。此三種顚倒相續皆「從妄而生」，「是因迷有」，「性畢竟空」。這即是苦集滅道四諦之理。進而，指出此畢竟空相皆爲如來藏所顯。如來藏本覺明心遍十方界，含藏十方無盡虛空，是一切，又不是一切。佛還以演若達多迷頭爲喻，指出此如來藏心即自性菩提。

在卷四的後半部份，佛明確指出，雖然得知菩提，但要證得菩提涅槃，就如同雖得大宅華屋，還要因門而入。因此又宣示了「妙行」之路。由此引發出發初覺心的「二決定義」：一稱修因同果，即首先要審觀因地（即發心的根據）而發心。按照現在的話說，就是對症下藥。由此講到由四大構成的五重渾濁，即劫濁、見濁、煩惱濁、衆生濁、命濁。這就是生死根本，只有依不生滅爲因，才能圓成果地；第二稱解結從根，即要知道顚倒在何處，以及顚倒產生的根本所在，從而循根解結。這一根本就是六根，被稱爲「六爲賊媒，自劫家寶」。而後則指出六根的「功德」，指出一切世間及出世間法無不包容在六根之中，只要能一門深入，就將使六根清淨。再說六根「受用」，即因色成見，因聲成聞，因香成嗅，因味成嚐，因觸成覺，因法成知。此六根互相爲用，諸根拔除，諸世間變化之相也就銷融。

卷第五與卷第四的內容相連接。開始，佛應阿難所問：「云何是結，從何名解？」回答說：「使汝輪轉生死結根，唯汝六根」；「汝復欲知無上菩提……亦汝六根。」然後，佛取出一華巾，當衆順次結成六個結，說明六結雖同爲一巾所造，但畢竟不同，不能相混；而結總解，即無彼此，但解結必次第進行。解除六根結根也是這樣。而後，佛問大衆：「最初發心悟十八界，誰爲圓通；從何方便，入三摩地？」這就引出陳那

「音聲爲上」，優婆尼沙陀「色因爲上」，香嚴童子「香嚴爲上」，藥王「味因爲上」……阿那律陀以眼根爲「第一」，周利槃特迦以鼻根爲「第一」，以至舍利弗以眼識爲「第一」，富樓那以舌識爲「第一」，烏芻瑟摩以火大爲「第一」，大勢至以根大爲「第一」等等，共計二十五種不同的回答。這就是卷第五至卷終的內容。

卷第六與卷第五相接，由觀世音菩薩回答佛問。觀世音菩薩因其所獲得的道果，使他上合十方諸佛本妙覺心，下合一切六道衆生「同一悲仰」，從而能顯示三十二種應身。此卷一一解說了觀世音爲解救衆生所顯示的三十二種身相，即菩薩等四乘聖身；梵王等七天身，人王、長者等十二國人身，天衆、龍衆等九衆。同時，經文還解說了觀世音能令衆生「於我身中獲十四種無畏功德」，比如能使「十方苦惱衆生，觀其音聲即得解脫」；「衆生設入大火，火不能燒」等及觀世音具有的「四不思議無作妙德」等。最後，觀世音以耳根是入三摩地的方便第一，回答了佛問。

在卷六的最後部份，佛又宣說了「安立道場，救護衆生」的三決定義，即攝心爲戒，因戒生定，因定發慧的意義。首先要持戒，即經文講的「四種律儀」：斷淫、斷殺、斷盜、斷妄。

卷第七中包含著密教的內容。此卷開始，佛告訴阿難，持四種律儀就可使身心「皎如冰霜，自不能生一切枝葉」。如果持四種律儀還不能滅除宿習，就要一心誦念「我佛頂光明摩訶薩怛多般怛羅無上神咒」一百八遍。然後建立道場，求「十方現住國土無上如來，放大悲光來灌其頂」。因此，此卷中佛應阿難所問，詳細講述了建立道場和進行誦咒的禮儀，宣示了長達二千七百餘字的神咒，以及神咒對諸佛和諸衆生分別具有的十種無上法力。這卷經的最後部份，佛開始宣說「無上正修行路」，即修眞三摩地之路。佛指出，修此眞三摩地當先識衆生世界二顚倒因，即衆生顚倒和世界顚倒。有此兩種顚倒，才有衆生的十二類生。十二類生即卵生、胎生、濕生、化生、有色、無色、有想、無想、非有色、非無色、非有想、非無想。這是《楞嚴經》提出的特殊概念。

卷第八集中宣說了正修三摩地的內容。首先立三種漸次，一曰修習除其助因，即永斷五種辛菜；二曰眞修刳其正性，即嚴持清淨戒律，斷除淫心，不餐酒肉，不殺生；三曰增進違其現業，即心不緣塵，「皎然清淨」。通過三種漸次的修行，就可達到「欲愛乾枯」，「純是智慧」的境地，名乾慧地，由此就進入了修正三摩地的大門。進而，依次修行十信、十住、十行、十回向、四加行、十地以至等覺，而最終成就妙覺無上之道。這就是「五十五位眞菩提路」，也名「正觀」。

既然衆生「妙明眞淨妙心本來遍圓」，是如來成佛眞體，爲什麼會有「七趣」？所謂七趣，即地獄趣、鬼趣、畜生趣、人趣、仙趣、天趣、阿修羅趣。這也是《楞嚴經》提出的特有的概念。卷第八的最後部份和卷第九的前半部份，經文詳述了七趣的成因及七趣所包含的內容。

自卷第九的後半部份，至卷第十，經文敍述了修三摩地的修行人所遭遇的五陰魔事。五陰即色、受、想、行、識。經文將修行人在三摩地中因受五陰所障而產生的五十種「邪見」或「狂解」，稱之爲「魔」。因魔作祟，修行人最終得不到正受、正知和聖解，從而墮入外道或無間獄中。只有五陰妄想銷盡，六根互用，淸淨如「淨琉璃」，修行人才能超越十信等五十五種修行階位而「入如來妙莊嚴海，圓滿菩提」。

在卷十的後半部份，佛還應阿難所問，回答了五陰同是妄想的「本因」，以及五陰「重疊生起」，故要「次第」消盡等內容。至此結束了「經宗分」。卷十的最後一小節即所謂「經益分」，即全經的結束語。

以上就是《楞嚴經》全經的內容梗概。不難看出，經文的前半部份，即卷一至卷六的內容主要是佛教理論方面的闡述，而卷七至卷十則著重講述修行方面的內容。同時還可以看到，《楞嚴經》所涉及的佛教教義的範圍是相當廣泛的，大乘佛教理論的一切基本的概念和範疇，幾乎無所不包。這在其他大乘佛教的單譯經中是絕少見到。也正是因爲這種原因，《楞嚴經》受到佛門弟子的特別重視。

那麼，《楞嚴經》這部大乘佛教的重要經典在教理和修持兩方面，到底提出了那些主要的佛教思想呢？這個問題也是歷代注疏家們特別關心和著重探討的問題。下面，筆者根據《楞嚴正脈》的觀點對此作概略的引述，以供研讀者參考。《楞嚴正脈》把《楞嚴經》對大乘佛教理論和實踐兩方面的貢獻概括爲如下十條。

㈠畢竟廢立——即徹底的廢權顯實。《法華經》已經提出了「開權顯實」的思想，但並非畢竟廢權，而直至《楞嚴經》才顯畢竟廢立之實。《楞嚴經》指出：「一切衆生生死相續，皆由不知常住眞心」，而「用諸妄想」。由此提出兩種根本，即生死根本，指妄想；菩提涅槃，指常住眞心。一切權教都因不知兩種根本，而錯以識心爲本，不離生死，結果其修行就如同「煮沙欲成嘉饌」。只有破除識心，直顯常住眞心，才能得到實證。

㈡直指知見——即直開佛的知見。佛的知見即衆生性具本有之知見，佛即知見。唯有《楞嚴經》指出，知見即六根之性，所謂「使汝輪迴生死結根，唯汝六根」；「汝復欲知無上菩提……亦汝六根」。六根拔盡，即是佛之知見，即「知見無見，斯即涅槃」。

㈢發揮實相——《法華經》已提出諸法實相的思想，但未及顯彰何爲實相。《楞嚴經》所顯如來藏性即是究諸法實相；明七大藏性，清淨本然，周遍法界，也是究諸法實相等等。

㈣改無常見——《法華經》以前，佛多說無常，如身有生死，心有去來，界有成壞……，從而造成三界實有，生滅非虛，使萬法唯心轉而變得隱沒沉晦了。《楞嚴經》首先指出見性唯心，從而備顯不動、不滅、不失、不還等義。進而廣彰六入、十二處、十八界、七大，皆是常住妙明不動周圓妙眞如性，從而顯世性常住之義。

㈤引入佛慧——《法華經》講佛慧，但只是名字而實無例義。《楞嚴經》首請三一圓融之大定；講於一毛端現寶王刹及坐微塵裡轉大法輪，這些都是事事無礙之義，是《華嚴》極旨。原其始也，從佛慧中流出差別之慧，從而成就一切權宗；要其終也，再會諸差別之慧悉入佛慧海中，以成一眞實際。《法華經》開佛慧之端，而《楞嚴經》方竟其意。

㈥示眞實定——外道、凡夫、小乘及權教菩薩，皆各有定，但非究竟，因其所依定體皆非眞實心。《楞嚴經》首破之，而曰：「縱滅一切見聞覺知，內守幽閒，猶爲法塵分別影事。」這些外道及諸權教的修學之人皆不能斷盡煩惱，而成就阿羅漢，皆是由於執妄想誤爲眞實的緣故。他們以六識爲心，在欲界，此心惡則三塗（即三惡趣：地獄、餓鬼、畜生），此心善則人天；在色界，其心散則下淪，定則上升。諸小乘人心伏則界內，斷滅則界外。凡夫外道定心銷失必墜入輪迴，小乘雖墜落，但再無進益。不捨生滅迷心，終不能修如來眞實大定。《楞嚴經》教諸修行人修楞嚴大定，以取實果。

㈦直指人心——《楞嚴經》始終純指人心，別無餘事。阿難初請妙奢摩他，佛不談定力而即破妄想心指眞心，顯眞心即大定之全體；富樓那問相續之性，以辨萬法，佛顯萬法一心之大用；佛敍七趣而表其根於心而有內分外分；佛辨五魔而明其爲心之邪解、邪悟。離心了無一法。無粗無細，一切皆心；任凡任聖，更無別物。直指人心豈有過於斯經者。

(八)雙示兩門——兩門即平等、方便二門。何為平等，即一心萬法，平等一相，即所謂眞妄、虛實、邪正、是非等一切差別之相皆不可得，一法界內唯有一眞實相，諸妄本空。何為方便，即眞雖本有，而迷之已久，不方便顯之則終不能見；妄雖本空而執之已深，不方便破之則終不能覺。《楞嚴經》在奢摩他中二門雙用。先用方便決擇眞妄，後用平等普融眞妄。方便為從入之妙門，平等為趣圓融之極果。

(九)極勸實證——《楞嚴經》指出有三種懈怠：一者好務多聞，不求實證；二者但恃他力，求他力加彼而怠於自修；三者自持天眞，不假修證。佛曲開巧修之門，詳列歷證之位，導其進入深證，直抵實果而後已。

(十)嚴護邪思——因欲坑深廣，見網重繁，極難穎脫。故佛在此經中，自始至終，由狹向寬，始終警戒邪思。切責多聞，不如一日修無漏定；深責阿難強記，不免邪思；嚴持四種律儀，圍壇誦念神咒，皆是驅邪思使無所容，護正覺令無所擾。五十五修行階位，位位證眞而始終無退；辨五陰魔事則戒其勿起邪悟等。

以上十條是《楞嚴正脈》關於《楞嚴經》主要佛教思想的概括。這一概括是不是非常準確和全面，筆者不好再作評述，但至少對後學者是極有啓發和說服力的。

從上述關於《楞嚴經》的內容解說中，我們不難知道《楞嚴經》是一部什麼樣的佛典。它的包羅豐富的佛學內容，使它成爲一部不可多得的佛學入門書；它所提出的種種闡述佛學極旨的佛教思想又成爲中國佛教各宗派發揮自己佛教學說的理論根據之一。同時，這部佛經所講述的內容又是那樣的細緻和具體，從四禪到四種律儀；從三種漸次到五十五位菩薩行；從設壇建道場，到誦念神咒，把修行者如何修行和修行的步驟，以及修行中可能會產生的五十種邪悟等，一一告誡給每一位佛門學子。正如明末的著名高僧憨山德清所云：「夫《首楞嚴經》者，乃諸佛之秘藏，修行之妙門，迷悟之根源，眞悟之大本。」❸像《楞嚴經》這樣的既有深邃的理論，又具體指導修行實踐的佛門經典，在釋氏衆多的經典中是不多見的。正因爲這樣就引起部分佛教學者的懷疑，似乎在一部僅只十卷的佛經中包含有如此豐富的內容是不可思議的，從而懷疑這一定是有那麼一位大手筆於中作了手脚，於是諸如僞經一類的責難就接踵而來。由此使我們聯想到另一部對中國佛教有重要影響的佛典《大乘起信論》。《起信論》是被中國佛教學界一致肯定的一部重要經典。近代名僧印順法師認爲：「中國佛教的傳統思想是和《起信論》一致的。」❹呂澂先生也說：「隋唐時代的禪、天台、賢首等宗教思想都受到《起信》的眞覺本心的影響。」❺就是這樣一部對中國佛教同樣具有重要意義的佛典，也如同《楞嚴經》一樣被指斥爲「僞經」，其命運何其相似！但是，《楞嚴經》，包括《起信論》，它們對中國佛教的影響及其所確立的地位已是無法改變的事實。因此，那些從懷疑而引發的種種議論，對佛教和佛門弟子事實上是沒有意義的。

注釋：

❶呂澂《楞嚴百僞》，《呂澂佛學論著選集》第一冊三七〇頁，山東齊魯書社，一九九一年版。

❷太虛《大佛頂首楞嚴經攝論》上卷，上海中華書局，一九一八年版。

❸明憨山德清〈首楞嚴經懸鏡序〉，見《憨山大師夢遊全集》卷四十一。

❹印順《大乘起信論講記》。

❺呂澂《起信與禪》。

參考書目

1《首楞嚴義疏注經》　宋子璿
2《大佛頂首楞嚴經正脈疏》　明眞鑑
3《大佛頂首楞嚴經疏解蒙鈔》　淸錢謙益
4《楞嚴懸鏡》　明德淸
5《楞嚴摸象記》　明袾宏
6《大佛頂首楞嚴經攝論》　太虛
7《呂澂佛學論著選集》第一冊　呂澂
8《現代佛教學術論集》第三十三冊　張曼濤
9《佛教經典總論》　（日）小野玄妙
10《佛教與中國文化的關係》　趙樸初
11《印度宗教與中國文化》　黃心川等
12《大乘起信論述評》　杜繼文
13《佛學大辭典》　丁福保
14《宗教詞典》等　任繼愈主編

02000	佛光大辭典光碟版 佛光山宗務委員	600
梵唄録音帶		**定價**
03000	佛光山梵唄	500
03001	早課普佛	100
03002	佛說阿彌陀經	100
03003	觀世音菩薩普門品	100
03004	彌陀普佛	100
03005	藥師普佛	100
03006	上佛供	100
03007	自由念佛號	100
03008	七音佛號	100
03009	懺悔文	100
03010	觀世音菩薩普門品 （台語）	100
03011	七音佛號 （台語）	100
03012	觀世音菩薩聖號 （心定法師敬誦）	100
03013	六字大明咒 （心定法師敬誦）	100
03014	大悲咒 （梵文）（心定法師敬誦）	100
03015	大悲咒 （心定法師敬誦）	100
03016	金剛般若波羅蜜經 （台語）	100
03017	佛說阿彌陀經 （台語）	100
03018	彌陀聖號 四字佛號（心定法師敬誦）	100
03019	南無阿彌陀佛聖號 六字佛號（心定法師敬誦）	100
03020	觀世音菩薩聖號 （海潮音）	100
03021	六字大明頌	100
03022	給人方便 （心定法師敬誦）	200
03023	給人歡喜 （心定法師敬誦）	200
廣播劇録音帶		**定價**
03800	禪的妙用（一） （台語）	100
03801	禪的妙用（二） （台語）	100
03802	禪的妙用（三） （台語）	100
03803	禪的妙用（四） （台語）	100
03804	童話集（一）	100
03805	兒童的百喻經 （有聲書）	1200

梵樂録音帶		**定價**
03400	佛教聖歌曲	100
03401	回歸佛陀的時代弘法大會	100
03402	三寶頌（合唱）	100
03403	梵唄音樂弘法大會（上）	100
03404	梵唄音樂弘法大會（下）	100
03405	爐香讚	100
03406	美滿姻緣	100
03407	大慈大悲大願力	100
03408	慈佑眾生	100
03409	佛光山之歌	100
03410	三寶頌（獨唱）呂麗莉演唱	100
03411	浴佛偈	100
03412	梵樂集（一）電子琴合成篇	200
03413	聖歌偈語	100
03414	梵音海潮音	200
03415	禪語空人心（兒童唱）	200
03416	禪語空人心（成人唱） 陳麗麗演唱	200
03417	禮讚十方佛 叢林學院等演出	100
梵樂CD		**定價**
04400	浴佛偈CD	300
04401	禮讚十方佛CD	300
弘法録影帶		**定價**
05000	（一）金剛經的般若生活（大帶）星雲大師講	300
05001	（二）金剛經的價值觀（大帶）星雲大師講	300
05002	（三）金剛經的四句偈（大帶）星雲大師講	300
05003	（四）金剛經的發心與修持（大帶）星雲大師講	300
05004	（五）金剛經的無住生心（大帶）星雲大師講	300
05005	禮讚十方佛 叢林學院等演出	300
05006	佛光山開山三十週年紀錄影片 佛光山宗務委員會	1500 （特價1200）

訂購辦法：

- 請向全省各大書局、佛光書局選購。
- 利用郵政劃撥訂購：郵劃帳號18889448 戶名：佛光文化事業有限公司
- 價格如有更動，以版權頁爲準。
- 國內讀者郵購800元以下者，加付掛號郵資30元。
- 國外讀者，郵資請自付。
- 團體訂購，另有優惠：100本以上 8折
  100本～500本 7折
  501本以上 6折

佛光有聲出版品目錄

星雲大師佛學講座有聲叢書		定價
00001	觀音法門	100
00003	般若波羅蜜多心經	16卷800
00004	金剛般若波羅蜜經義解	26卷1300
00005	六祖壇經1～6卷	300
00006	六祖壇經7～12卷	300
00007	六祖壇經13～18卷	300
00008	六祖壇經19～24卷	300
00009	六祖壇經25～30卷	300
00010	星雲禪話1～6卷	300
00011	星雲禪話7～12卷	300
00012	星雲禪話13～18卷	300
00013	星雲禪話19～24卷	300
00014	星雲禪話25～30卷	300
00015	星雲禪話31～36卷	300
00016	金剛經的般若生活 （國、台語）	100
00017	金剛經的四句偈 （國、台語）	100
00018	金剛經的價值觀 （國、台語）	100
00019	金剛經的發心與修持 （國、台語）	100
00020	金剛經的無住生心 （國、台語）	100
00040	淨化心靈之道 （國、台語）	100
00041	偉大的佛陀（一） （國、台語）	100
00042	偉大的佛陀（二） （國、台語）	100
00043	偉大的佛陀（三） （國、台語）	100
00044	佛教的致富之道	100
00045	佛教的人我之道	100
00046	佛教的福壽之道	100
00047	維摩其人及不可思議 （國、台語）	100
00048	菩薩的病和聖者的心 （國、台語）	100
00049	天女散花與香積佛飯 （國、台語）	100
00050	不二法門的座談會 （國、台語）	100
00051	人間淨土的內容 （國、台語）	100
00052	禪淨律三修法門（禪修法門）（國、台語）	100
00053	禪淨律三修法門（淨修法門）（國、台語）	100
00054	禪淨律三修法門（律修法門）（國、台語）	100
00055	廿一世紀的訊息 （國、台語）	100
00057	佛教的眞理是什麼 （國、台語）	100
00058	法華經大意 （國、台語）	6卷300
00059	八大人覺經 （國、台語）	100
00060	四十二章經 （國、台語）	100
00061	佛遺教經 （國、台語）	100

00062	八大人覺經十講 （一書四卡）	350
00063	心甘情願	6卷450
00064	佛門親屬談 （國、台語）	100
心定法師主講		定價
01014	佛教的神通與靈異	6卷450
01015	談業力 （台語）	100
01019	人生與業力 （台語）	200
01021	如何照見五蘊皆空 （國、台語）	200
01032	禪定與智慧	6卷450
慈惠法師主講		定價
01000	佛經概說 （台語）	6卷450
01006	佛教入門 （國、台語）	200
01011	人生行旅道如何 （台語）	200
01012	人生所負重多少 （台語）	200
01016	我與他 （台語）	200
依空法師主講		定價
01001	法華經的經題與譯者 （台語）	200
01002	法華經的譬喻與教理 （台語）	200
01003	法華經的開宗立派 （台語）	200
01004	法華經普門品與觀世音信仰 （台語）	200
01005	法華經的實踐與感應 （台語）	200
01007	禪在中國（一）	200
01008	禪在中國（二）	200
01009	禪在中國（三）	200
01010	普賢十大願	450
01013	幸福人生之道 （國、台語）	200
01017	空慧自在	6卷500
01020	尋找智慧的活水	200
01029	如何過淨行品的一天	100
01030	涅槃經	6卷500
依昱法師主講		定價
01018	楞嚴經大義	6卷500
其　他		定價
01022	如何過無悔的一天：廖輝英	100
01023	如何過如意的一天：鄭石岩	100
01024	如何過自在圓滿的一天：林谷芳	100
01025	如何過看似無味的一天：吳念眞	100
01026	如何過法喜充滿的一天：蕭武桐	100
01027	如何過有禪意的一天：游乾桂	100
01028	如何過光明的一天：林清玄	100
CD — ROM		定價

中國佛教經典寶藏精選白話版・楞嚴經

總監修　星雲大師
發行人　佛光山宗務委員會
心定和尚　慈莊法師　慈惠法師　慈容法師　慈嘉法師
依嚴法師　依恒法師　依空法師　依淳法師
一九九八年二月初版
二〇〇〇年九月初版五刷

總編輯　慈惠法師　依空法師(台灣)；王志遠　賴永海(大陸)
總連絡　吉廣輿　王淑慧
釋譯者　李富華
美術編輯　陳婉玲
法律顧問　蘇盈貴　舒建中　毛英富律師
出版者　佛光文化事業有限公司
台北縣三重市三和路三段一一七號　☎(〇二)二九八〇〇二六〇
E-mail:fgce@ms25.hinet.net
網址：http://www.foguang-culture.com.tw/
高雄縣大樹鄉佛光山寺(高雄辦事處)　☎(〇七)六五六四〇三八—九
流通處　佛光山寺
高雄縣大樹鄉佛光山寺　☎(〇七)六五六一九二一—八
佛光書局
高雄市前金區賢中街二七號　☎(〇七)二七二八六四九
台北市忠孝西路一段七二號九樓之十四　☎(〇二)二三一四四六五九
台北市汀州路三段一八八號二樓之四　☎(〇二)二三六五一八二六
台北縣三重市三和路三段一一七號　☎(〇二)二九八四九五二三
定價　二〇〇元
印刷　沈氏藝術印刷股份有限公司　☎(〇二)二二七〇六一六一
郵政劃撥第一八八八九四四八號　帳戶：佛光文化事業有限公司
行政院新聞局出版事業登記證局版台省業字第八六二號

國家圖書館出版品預行編目資料

楞嚴經／李富華釋譯. --初版. --高雄縣
大樹鄉：佛光，1996［民85］
　　面；　公分. --（佛光經典叢書；1178）
《中國佛教經典寶藏精選白話版78》
參考書目：面
ISBN 957-543-450-1（精裝）
ISBN 957-543-451-X（平裝）

1.祕密部

221.94　　　　　　85007633